湖北全省實業志

胡焕宗 編輯
鄭成林 點校

荆楚文庫

荆楚文庫編纂出版委員會
華中科技大學出版社

湖北全省實業志
HUBEI QUANSHENG SHIYEZHI

圖書在版編目（CIP）數據

湖北全省實業志 / 胡焕宗編輯；鄭成林點校.
—武漢：華中科技大學出版社，2020.10
（荆楚文庫）
ISBN 978-7-5680-6008-0

Ⅰ.①湖…
Ⅱ.①胡… ②鄭…
Ⅲ.①區域經濟—經濟史—湖北—民國
Ⅳ.①F129.6

中國版本圖書館 CIP 數據核字（2020）第 066251 號

策劃編輯：周清濤　周曉方
責任編輯：劉　瑩
整體設計：范漢成　曾顯惠　思　蒙
責任校對：曾　婷
責任印製：周治超
出版發行：華中科技大學出版社
地　址：武漢市東湖新技術開發區華工科技園華工園六路
電　話：027-81321913　郵政編碼：430223
印　刷：湖北新華印務有限公司
開　本：720mm×1000mm　1/16
印　張：21.25 印張　插頁：2
字　數：290 千字
版　次：2020 年 10 月第 1 版　2020 年 10 月第 1 次印刷
定　價：149.00 元

《荆楚文庫》工作委員會
主　　　任：應　勇
第一副主任：王曉東
副　主　任：王艷玲　梁偉年　肖菊華　尹漢寧　郭生練
成　　　員：韓　進　陳　亮　盧　軍　陳樹林　龍正才
　　　　　　雷文潔　趙淩雲　尚　鋼　陳義國

辦公室
主　　　任：陳樹林
副　主　任：張良成　陳　明　李開壽　周百義

《荆楚文庫》編纂出版委員會
顧　　　問：羅清泉
主　　　任：應　勇
第一副主任：王曉東
副　主　任：王艷玲　梁偉年　肖菊華　尹漢寧　郭生練
總　編　輯：章開沅　馮天瑜
副總編輯：熊召政　陳樹林
編委（以姓氏筆畫爲序）：　朱　英　邱久欽　何曉明
　　　　　　周百義　周國林　周積明　宗福邦　郭齊勇
　　　　　　陳　偉　陳　鋒　張良成　張建民　陽海清
　　　　　　彭南生　湯旭巖　趙德馨　劉玉堂

《荆楚文庫》編輯部
主　　　任：周百義
副　主　任：周鳳榮　周國林　胡　磊
成　　　員：李爾鋼　鄒華清　蔡夏初　王建懷　鄒典佐
　　　　　　梁瑩雪　黄曉燕　朱金波
美術總監：王開元

出版説明

　　湖北乃九省通衢，北學南學交會融通之地，文明昌盛，歷代文獻豐厚。守望傳統，編纂荆楚文獻，湖北淵源有自。清同治年間設立官書局，以整理鄉邦文獻爲旨趣。光緒年間張之洞督鄂後，以崇文書局推進典籍集成，湖北鄉賢身體力行之，編纂《湖北文徵》，集元明清三代湖北先哲遺作，收兩千七百餘作者文八千餘篇，洋洋六百萬言。盧氏兄弟輯録湖北先賢之作而成《湖北先正遺書》。至當代，武漢多所大學、圖書館在鄉邦典籍整理方面亦多所用力。爲傳承和弘揚優秀傳統文化，湖北省委、省政府決定編纂大型歷史文獻叢書《荆楚文庫》。

　　《荆楚文庫》以"搶救、保護、整理、出版"湖北文獻爲宗旨，分三編集藏。

　　甲、文獻編。收録歷代鄂籍人士著述，長期寓居湖北人士著述，省外人士探究湖北著述。包括傳世文獻、出土文獻和民間文獻。

　　乙、方志編。收録歷代省志、府縣志等。

　　丙、研究編。收録今人研究評述荆楚人物、史地、風物的學術著作和工具書及圖册。

　　文獻編、方志編録籍以 1949 年爲下限。

　　研究編簡體橫排，文獻編繁體橫排，方志編影印或點校出版。

《荆楚文庫》編纂出版委員會
2015 年 11 月

湖北實業廳廳長魏宗蓮
濂溪氏肖像

前　言

在波瀾壯闊的近代中國革命歷程中，湖北曾三次成爲政治中心，雖然短暫，但爲中外矚目。與之相比，近代湖北經濟在全國的影響力亦毫不遜色，在中國早期現代化的歷程中扮演着特別的角色。

湖北地處中國中部，境內湖泊星羅棋布，素稱"千湖之省"，武漢更是被譽爲"九省通衢"。明清時期，湖北商品經濟漸趨發達，漢口、宜昌、沙市和老河口等城鎮相繼成長爲區域貿易的主要集散地，貨物紛華，商人雲集，乃至吸引異國商人來此經商。自《天津條約》《煙台條約》《馬關條約》簽訂後，漢口、宜昌、沙市被迫闢爲通商口岸，英、美、俄、德、法、日等國勢力接踵而至，開洋行、辦工廠、設銀行，並大肆收購茶葉、生絲、棉花、桐油、皮革等土特產和銷售工業製品，湖北被動地開啓了早期經濟現代化的歷程。

1889年，張之洞任湖廣總督，拉開了近代湖北經濟發展第一次高潮的序幕。在以後的十八年中，他先後主導在湖北建設漢陽鐵廠、漢陽槍炮廠，開發大冶鐵礦(後與萍鄉煤礦合併改稱"漢冶萍股份有限公司")，在武昌創辦絲、麻、布、紗四局，構建了湖北以紡織業爲代表的輕工業體系。與之同時，民營工商業逐漸得以發展，廣泛涉及輕工、水電、機械、金融等行業，既濟水電公司、燮昌火柴廠、揚子機器廠等均在中國近代工商業史上留下了可貴的一頁。1911年辛亥鼎革後，湖北社會動盪不安，但工商業繼續發展，漢口、宜昌、沙市的商品進出口淨值逐漸增加，平均爲2.2億海關兩。1925年達3.5億海關兩，約爲1911年的2倍。20世紀初期，漢口不僅成功轉型爲外向型的現代工商都市，還成爲華中的商業、金融中心和僅次於上海的第二大商埠，乃至獲得"東方芝加哥"的讚譽。

因此，無論是從政治變動來看，還是就經濟演進而言，湖北均可以作爲近代中國的一個縮影，其工商業的興衰枯榮具有不可忽視的記錄和分析價值。清末新政以降，工商業的發展受到舉國關注和重視，逐漸出現了記錄各行各業經濟變動的史籍文獻，實業志即爲其中之一種。

1920年初，湖北實業廳廳長魏宗蓮有感於前清閉關自守"以致農桑、工賈、斧斤、網罟諸政不理久矣"，乃至中英鴉片戰爭後，中國門戶洞開國力日衰的教訓，同時深知"教化之源基於實富"的道理，出於"裨資考核，以圖整頓"的目的，下令調查湖北實業狀況、歸集相關資料，編成一書，名爲《湖北全省實業志》。

《湖北全省實業志》由湖北實業廳胡煥宗具體負責編撰。他按照部頒實業大綱，調查商情，根據各縣上報的各類專門報告，同時參考實業廳保存的豐富案牘、法令，采錄相關海關報告、新聞報道以及實際調查所得，歷時三月編輯完成。遺憾的是，因恩施、宣恩、建始、利川、來鳳、咸豐、鶴峰七縣未上報主要農產品調查報告，該書也就未能收錄相關內容。

《湖北全省實業志》分爲六章三十七節一百九十三目，全方位記載民初湖北全省農、林、漁、牧、工、商、礦等各業實況。

第一章爲農桑。該章先分縣統計了1917年湖北六十二縣所產粳米、糯米、大麥、大豆、苧麻等主要農產以及棉花、藥材等經濟作物的種植面積、產量、市場價值等，單列各種桑產蠶縣份桑、繭的畝數、產量，專列芝麻、靛青產量，輯錄了卷煙的種植、加工辦法。繼載推廣新式科學選種、育種、育苗方式方法。簡述了民初湖北各縣的農會、農報、民立實驗場、官立實驗農場、棉業各場的興辦、整頓過程。

第二章爲森林。該章分類統計了民初湖北國有、公有、私有林場數量、畝數，具有公益性質用途的各類森林數量、面積。凡民辦之林事、官辦之林政，省、縣林業行政，省屬第一、二林事實驗場皆有記載。

第三章爲漁牧。該章收錄湖北全省漁獲和水產製品種類、數量、價值，各縣的馬、牛、羊、豬等家畜存欄量，以及雞、鴨、鵝等家禽數目和產蛋量，略載新式水產學校、漁業公司的興辦以及各類牧場經營情況。

第四章爲工業。該章包括湖北全省油、酒類等三十二大類工業的户數、男女職工數目，江漢道、襄陽道、荆南道三道從事農事、餐飲等業的勞動力工資和結算方式，以及三道所屬各縣工廠名稱、數量、員工人數，產品的種類、數量、價值。凡民初湖北官辦之工業、官有商辦之工業、商辦之工業的興辦、經營情況，武漢三鎮中外工廠規模、數量都有記載。

第五章爲商務。該章收錄1918年湖北農產物輸出入情況，記錄有1918年、1919年兩年漢口貨物輸出入情況，對當時湖北各地商會、大型公司有關商情的報告書皆有采納，又詳細調查了鄂城等八縣的商務以及木商、棉商、錢商等十八種行業的商情，從商號的數量、資本總額方面對比了漢口華、洋商人的勢力。

第六章爲礦權。該章包括官辦之象鼻山鐵礦、炭山彎煤礦經營情況以及民辦各公司探礦、采礦的地區、種類、面積等。

《湖北全省實業志》內容豐富，資料全面，統計多樣，既有分行業數據，又注重地域統計，兼及中外商情，乃是對民初湖北實業界的全方位掃描，爲後來者了解、研究民初湖北乃至近代中國經濟提供了難得的系統史料。

首先，依據湖北全省不同農產物、經濟作物種植面積、地理分佈情況統計，可做湖北農業商品化程度的研究，進及湖北所屬之平原、山區、湖澤不同地貌區農業種植結構和農民生活方式的研究。其次，透過工業部分數據，我們可知民初湖北輕、重工業皆有發展，重工業集中於漢口、大冶，各縣主要發展輕工業(手工業)，洋商則投資設廠就地加工中國原料，轉口貿易于中外。所載的湖北三道所屬各行業工廠數、男女職工數、工資收入水平的統計數據則是研究民初湖北工人日常生活史的難得史料。民初湖北官辦之工業、官有商辦之工業、商辦之工廠開設經營情況，則顯示了民初企業產權忽爲官有忽爲商有，這爲討論近代企業產權變更提供了鮮活的例子。再如，商務部分所錄海關進出口貿易數據對理解第一次世界大戰對中國實業發展的影響提供了多面視角。該部分內容指出歐洲因爲戰時運輸條件限制，中國出口歐洲糧食並不多，反而出口日本、俄國居多。"一戰"引發的"俄亂"對湖北磚茶業影響巨大，該書皆有記載。采録的漢陽商會、湖北官錢局、京漢鐵路、中華鐵器公司的商情報告和戰後經營規劃，爲具體分析"一戰"對中國民族資本主義的影響，尤其是西方列强勢力在中國的消長（英國守，德國停，俄國退，日本進）也多有幫助。

更加難能可貴的是，編撰者注重調查研究對比，在各章之末，或重要行業之後都有"編者識"。這些内容記載了編者開展調查研究的心得與展望，有些論述頗有見地。在弁言中，胡焕宗指出，"兹就湖北一省物量觀之，若棉、鐵、漆、絲、煙、茶、油、蔴、糧、革之屬足應世界多額之需要亦云雄矣"，"（湖北）製造工廠日多一日，湖北實業之進步大有朝旭蒸騰不可限量之勢"。在農桑結尾處，編者再次感慨"吾國能優越於世界者，農産物爲最多也"。在商務一章，編者論及編寫商情，"目光注射於世界之盈虚，對外之交易"，明確指出中國出口的商品"俱係天然的爲多而人爲的絶少"，鑒於中國物産豐富，而無業之民又多，以及當時世界各國大力開展商戰的實情，遂提出國家、政府應采取諸如動員駐外人員大力調查商情，辦實業類報刊雜誌，宣傳新發明、商業新動態等途徑、方法，大力發展實業。當然，本書的豐富價值讀者自當有所判斷，無需多言。

魏宗蓮，1907年官費留學日本，1914年初被農商部委任農政專門學校校長，後改任農商部僉事。1916年，充任農商部農林司第二科科長，旋任湖北實業廳廳長。胡焕宗，河南人，除編撰《湖北全省實業志》外，尚有《楚産一隅録》《讀易記言》傳世。其中《楚産一隅録》由胡焕宗於1920年後發表於《勸業叢報》，該書所論多爲漢口、漢陽、武昌三地之實業，甚少涉及湖北他地。

本次收入"荆楚文庫"的《湖北全省實業志》，以國家圖書館藏本爲底本。自項目立項以來，整理點校團隊與編輯出版團隊多次召開工作會議，嚴格按照《"荆楚文庫"編輯出版管理規定》和《"荆楚文庫"點校條例》等開展點校工作，多次商討解决點校中遇到的問題。諸如原書中引用的《史記》等古籍文獻，皆以中華書局出版的點校本爲准，進行斷句、標點。對於無法辨識的文字或數字，通過前後文進行補正，確無法辨識者，以"□"標注，一字一"□"，缺多字則以"☒"表示。對於書中大量連續錢莊商號名稱的斷句，主要根據書中前後文是否再次出現，以及參考現有湖北錢莊的研究成果進行確定。

對於無法確定處理辦法的問題，諸如全書的異體字是否統一、全書原有簡體字是否更改、字體筆形不同字是否統一、度量衡名稱是否應予一致、表格内容如何標點、表格數據計算有誤情况是否修改、明顯别字是否處理，等等，經過多次討論並報"荆楚文庫"編輯委員會審定：全書異體字不做統一處理、筆形一律改爲新筆形、度量衡名稱照原書録入不做改動、表格内容與原文一樣點校斷句、數據計算有誤的保持原狀、明顯别字確認後修改，等等。

當然，因編者水平有限，整理、點校過程中難免存在紕漏，敬請讀者和方家斧正。

序

　　《漢書·食貨志》曰："《洪範》八政，一曰食，二曰貨。食謂農殖嘉穀可食之物，貨謂布帛可衣及金刀龜貝，所以分財布利通有無者也。"又曰："食足貨通，然後國實民富而教化成。"太史公作《貨殖列傳》而息財富，其他載籍言農虞考工者繁矣。嬴秦變政，井田制廢。兩漢魏晋，以迄前清，閉關自守。蒙回以北，葱嶺以西，東南環海以外，幾不知世界復有人國，以致農桑、工賈、斧斤、網罟諸政不理久矣。前清中葉，羣鄰交集，門户洞開，通財鬻貨，歲計億兆，國力日瘵，蓋藏漸漏。

　　民國肇興，政象杌橿，於茲九稔。宗蓮奉命來鄂，職司實業，忽已四年，深知教化之源基於實富。鄂又居國中，四達之區。古稱江漢，川澤山林之饒，民食魚稻，以漁獵、山伐爲業，果蓏、蠃蛤，食物常足，誠亦有爲地也。年來晝夜以思，不遑哺沐，凡所施設，遴員督纂，彙爲一書，曰《湖北全省實業志》。蓋欲就正當世名公，商量損益，匡我不逮耳。若云問世，則吾豈敢。

　　中華民國九年歲次庚申中秋湖北實業廳廳長魏宗蓮撰

弁　言

　　民國庚申夏仲奉湖北實業廳廳長魏公之命，調查商情，參以他案，彙爲一書，裨資考核，以圖整頓。煥宗謹按部定實業大綱，分爲六章，凡三十五節，一百九十三目，竭三月力而告藏。

　　魏公籌劃湖北實業之成績，惜煥宗擇言不精，不能潤色以文，或隱全豹，然亦足略見一斑矣。中國物産饒富，甲於瀛寰，茲就湖北一省物量觀之，若棉、鐵、漆、絲、煙、茶、油、蔴、糧、革之屬，足應世界多額之需要，亦云雄矣。即製造工廠亦日多一日，湖北實業之進步大有朝旭蒸騰不可限量之勢。再數年後，果如今日猛進之不已，則此書將爲覆瓿具耳。斯作也，祇堪爲庚申年湖北實業之記載而已。

民國九年庚申秋仲編輯員胡煥宗謹識

目　　録

第一章　　農桑 … 1
　第一節　各縣農産蠶繭之調查 … 1
　　第一目　武昌縣農産物表 … 1
　　第二目　武昌縣蠶繭表 … 2
　　第三目　鄂城縣農産物表 … 3
　　第四目　鄂城縣蠶繭表 … 4
　　第五目　嘉魚縣農産物表 … 4
　　第六目　嘉魚縣蠶繭表 … 5
　　第七目　蒲圻縣農産物表 … 5
　　第八目　蒲圻縣茶田表 … 7
　　第九目　咸寗縣農産物表 … 7
　　第十目　崇陽縣農産物表 … 8
　　第十一目　崇陽縣蠶繭表 … 10
　　第十二目　通山縣農産物表 … 10
　　第十三目　通城縣農産物表 … 11
　　第十四目　通城縣蠶繭表 … 12
　　第十五目　大冶縣農産物表 … 13
　　第十六目　陽新縣農産物表 … 14
　　第十七目　漢陽縣農産物表 … 15
　　第十八目　夏口縣農産物表 … 16
　　第十九目　漢川縣農産物表 … 17
　　第二十目　漢川縣蠶繭表 … 18
　　第二十一目　黃陂縣農産物表 … 18

第二十二目	黃陂縣蠶繭表	19
第二十三目	孝感縣農產物表	20
第二十四目	孝感縣蠶繭表	20
第二十五目	沔陽縣農產物表	21
第二十六目	黃岡縣農產物表	22
第二十七目	黃岡縣蠶繭表	23
第二十八目	黃安縣農產物表	23
第二十九目	黃安縣蠶繭表	24
第三十目	黃梅縣農產物表	25
第三十一目	蘄春縣農產物表	26
第三十二目	蘄春縣蠶繭表	27
第三十三目	蘄水縣農產物表	27
第三十四目	蘄水縣蠶繭表	28
第三十五目	麻城縣農產物表	29
第三十六目	羅田縣農產物表	30
第三十七目	羅田縣蠶繭表	30
第三十八目	廣濟縣農產物表	31
第三十九目	安陸縣農產物表	31
第四十目	隨縣農產物表	32
第四十一目	雲夢縣農產物表	33
第四十二目	應山縣農產物表	35
第四十三目	應城縣農產物表	36
第四十四目	鍾祥縣農產物表	36
第四十五目	京山縣農產物表	37
第四十六目	京山縣蠶繭表	38
第四十七目	潛江縣農產物表	39
第四十八目	天門縣農產物表	40
第四十九目	天門縣蠶繭表	41

第五十目	荆門縣農產物表	41
第五十一目	荆門縣蠶繭表	42
第五十二目	當陽縣農產物表	43
第五十三目	遠安縣農產物表	44
第五十四目	襄陽縣農產物表	44
第五十五目	宜城縣農產物表	46
第五十六目	南漳縣農產物表	47
第五十七目	南漳縣蠶繭表	48
第五十八目	棗陽縣農產物表	48
第五十九目	穀城縣農產物表	49
第六十目	光化縣農產物表	50
第六十一目	均縣農產物表	51
第六十二目	鄖縣農產物表	52
第六十三目	房縣農產物表	54
第六十四目	竹谿縣農產物表	55
第六十五目	竹山縣農產物表	56
第六十六目	保康縣農產物表	56
第六十七目	鄖西縣農產物表	57
第六十八目	江陵縣農產物表	58
第六十九目	公安縣農產物表	59
第七十目	石首縣農產物表	59
第七十一目	監利縣農產物表	60
第七十二目	松滋縣農產物表	61
第七十三目	枝江縣農產物表	62
第七十四目	宜都縣農產物表	62
第七十五目	宜昌縣農產物表	63
第七十六目	長陽縣農產物表	64
第七十七目	興山縣農產物表	64

第七十八目　巴東縣農產物表 …………………… 66
　　第七十九目　五峯縣農產物表 …………………… 67
　　第八十目　秭歸縣農產物表 ……………………… 67
　第二節　各縣桑田畝數之統計 ……………………… 69
　第三節　各縣農產物之統計 ………………………… 72
　第四節　農產籽種之徵集 …………………………… 74
　第五節　整頓桑蠶之試驗 …………………………… 81
　第六節　芝麻數量之調查 …………………………… 86
　第七節　樹藝靛青之概數 …………………………… 87
　第八節　菸葉種植暨烤製法 ………………………… 90
　第九節　民立會社輔助農務之機關 ………………… 95
　第十節　官立試驗農事棉茶各場 …………………… 98
　　第一目　整頓變更各場暨章程 …………………… 98
　　第二目　各場址暨支配人 ………………………… 103
　　第三目　隸屬省公署兩試驗場 …………………… 103
　第十一節　結論 ……………………………………… 104

第二章　森林 …………………………………………… 106
　第一節　全省森林統計 ……………………………… 106
　　第一目　森林所有別 ……………………………… 106
　　第二目　保安林 …………………………………… 106
　　第三目　森林栽植 ………………………………… 107
　　第四目　森林采伐 ………………………………… 110
　第二節　民辦之林業 ………………………………… 112
　第三節　官辦之林政 ………………………………… 115
　　第一目　林業公會法 ……………………………… 115
　　第二目　省會提議廣種樹木案 …………………… 117
　　第三目　各縣之林業行政 ………………………… 118

第四目　樹種徵發 …………………………………… 120
　　　第五目　振興天然林辦法 ……………………………… 123
　　　第六目　實業廳第一林事試驗場 ……………………… 124
　　　第七目　實業廳第二林事試驗場 ……………………… 125

第三章　漁牧 …………………………………………………… 131
　第一節　全省漁牧統計 …………………………………… 131
　　　第一目　漁獲物表 ……………………………………… 131
　　　第二目　水產製造物 …………………………………… 133
　　　第三目　各縣家畜表 …………………………………… 134
　　　第四目　各縣家禽表 …………………………………… 138
　第二節　漁業 ……………………………………………… 146
　　　第一目　何廣請設水產學校 …………………………… 146
　　　第二目　李逢源等請組織漁業公司 …………………… 146
　　　第三目　嘉魚岫山養魚公司 …………………………… 146
　第三節　牧業 ……………………………………………… 147
　　　第一目　漢澤園養雞場 ………………………………… 147
　　　第二目　元生林牧場 …………………………………… 147
　　　第三目　孝感畜雞場 …………………………………… 147

第四章　工業 …………………………………………………… 148
　第一節　工業統計 ………………………………………… 148
　　　第一目　油類工表 ……………………………………… 148
　　　第二目　酒類工表 ……………………………………… 149
　　　第三目　糖類工表 ……………………………………… 150
　　　第四目　菸草類工表 …………………………………… 150
　　　第五目　麥粉及澱粉類工表 …………………………… 151
　　　第六目　罐頭食物工表 ………………………………… 152

第七目　絲織物工表 …………………………………… 153

　　第八目　綿織物工表 …………………………………… 154

　　第九目　麻織物工表 …………………………………… 155

　　第十目　毛織物工表 …………………………………… 155

　　第十一目　絲綿交織物工表 …………………………… 156

　　第十二目　編物類工表 ………………………………… 156

　　第十三目　胰皂工表 …………………………………… 157

　　第十四目　蠟燭工表 …………………………………… 158

　　第十五目　漆液工表 …………………………………… 158

　　第十六目　蠟類工表 …………………………………… 159

　　第十七目　靛青工表 …………………………………… 159

　　第十八目　火柴工表 …………………………………… 159

　　第十九目　玻璃及玻璃製品工表 ……………………… 160

　　第二十目　甎瓦工表 …………………………………… 160

　　第二十一目　紙類工表 ………………………………… 161

　　第二十二目　皮革物工表 ……………………………… 161

　　第二十三目　化粧品工表 ……………………………… 162

　　第二十四目　工業用藥品工表 ………………………… 162

　　第二十五目　陶瓷器工表 ……………………………… 163

　　第二十六目　漆器工表 ………………………………… 163

　　第二十七目　五金製器工表 …………………………… 164

　　第二十八目　木製器工表 ……………………………… 164

　　第二十九目　眼鏡工表 ………………………………… 165

　　第三十目　鐘錶工表 …………………………………… 165

　　第三十一目　雕琢器工表 ……………………………… 166

　　第三十二目　雜工產物工表 …………………………… 166

第二節　湖北三道屬勞働工資表 …………………………… 169

第三節　官辦之工業 ………………………………………… 184

第一目	實業廳直轄之工廠	184
第二目	荆沙貧民工廠	184
第三目	應城石膏官局	185
第四目	漢陽造甎廠	185
第五目	官紙印刷局	186
第六目	宜昌商埠局	186
第四節	官有商辦之工業	187
第一目	漢陽鐵廠	187
第二目	楚興公司租辦之紗麻絲布四官局	190
第三目	白沙洲造紙廠	191
第四目	漢陽針釘廠	192
第五目	武昌毡呢廠	192
第六目	武昌模範大工廠	193
第五節	商辦之工廠	193
第一目	揚子機器廠	193
第二目	武昌第一紡織公司	194
第三目	裕華紗廠	195
第四目	震寰紗廠	195
第五目	武昌電燈公司	195
第六目	漢口既濟水電公司	196
第七目	燊昌、燊華火柴公司	198
第六節	武漢三鎮中國工廠總表	199
第七節	武漢三鎮外國工廠總表	203
第八節	德商已停工廠表	204
第九節	日本在漢口工廠表	205
第十節	江漢道屬工業總調查	206
第十一節	襄陽道屬工業總調查	229
第十二節	荆南道屬工業總調查	231

第五章　商務 …………………………………………… 236
　第一節　七年度海關農產物輸出入湖北數量 ……………… 236
　第二節　歐戰後湖北之商務 ………………………………… 240
　　第一目　采錄漢口商會之報告 …………………………… 240
　　第二目　采錄漢陽商會之報告 …………………………… 257
　　第三目　湖北官錢局與造幣廠 …………………………… 257
　　第四目　采錄京漢鐵路之報告 …………………………… 258
　　第五目　采錄漢陽鐵廠之報告 …………………………… 260
　　第六目　中華鐵器公司(即漢陽針釘廠)之報告 ………… 261
　第三節　各縣商務之概況 …………………………………… 262
　　第一目　鄂城縣商務 ……………………………………… 262
　　第二目　漢川縣商務 ……………………………………… 262
　　第三目　崇陽縣商務 ……………………………………… 263
　　第四目　大冶縣商務 ……………………………………… 263
　　第五目　隨縣商務 ………………………………………… 263
　　第六目　石首縣商務 ……………………………………… 264
　　第七目　興山縣商務 ……………………………………… 264
　　第八目　鄖西縣商務 ……………………………………… 264
　第四節　最近商情之調查 …………………………………… 265
　　第一目　木商 ……………………………………………… 265
　　第二目　棉商 ……………………………………………… 265
　　第三目　銀行商 …………………………………………… 268
　　第四目　錢商 ……………………………………………… 269
　　第五目　絲商 ……………………………………………… 271
　　第六目　茶商 ……………………………………………… 272
　　第七目　油商 ……………………………………………… 277
　　第八目　糖商 ……………………………………………… 278
　　第九目　麻商 ……………………………………………… 280

  第十目 紗商 …………………………………… 280

  第十一目 毛革商 ………………………………… 281

  第十二目 漆商 …………………………………… 282

  第十三目 藥材商 ………………………………… 282

  第十四目 布商 …………………………………… 282

  第十五目 蛋商 …………………………………… 283

  第十六目 糧商 …………………………………… 284

  第十七目 茶葉商 ………………………………… 284

  第十八目 絲織商 ………………………………… 285

 第五節 漢口華商與洋商勢力之比較 ………………… 286

  第一目 漢口華商之勢力 …………………………… 286

  第二目 漢口洋商之勢力 …………………………… 291

 第六節 湖北商會一覽 …………………………………… 300

第六章 礦政 …………………………………………… 304

 第一節 官辦之礦 ………………………………………… 304

  第一目 官礦署與象鼻山 …………………………… 304

  第二目 炭山灣官煤礦 ……………………………… 305

 第二節 民辦之礦 ………………………………………… 305

  第一目 湖北各屬探礦一覽 ………………………… 305

  第二目 湖北各屬采礦一覽 ………………………… 309

第一章 農　　桑

第一節　各縣農產蠶繭之調查

第一目　武昌縣農產物表

類　別	作物畝數	收穫量
粳　米	301 547 畝	557 861 石
糯　米	70 158	112 252
大　麥	108 156	173 049
小　麥	61 595	104 711
大　豆	575	1 207
小　豆	325	715
蠶　豆	240	680
豌　豆	275	322
大　麻	95	3 230 斤
苧　麻	76	2 280
亞　麻	70	1 750
棉　花	98	1 960

第二目　武昌縣蠶繭表

繭別		數量	價額
春蠶	繭	3 000斤	1 500元
	玉繭	600	240
	屑繭	350	105
	出殼繭	98	9.8
夏蠶	繭	2 500	1 250
	玉繭	4 140	1 656
	屑繭	495	148
	出殼繭	298	39
秋蠶	繭	1 960	784
	玉繭	987	296
	屑繭	498	99
	出殼繭	602	60
榨蠶	繭	4 460	1 784
	玉繭	1 600	560
	屑繭	1 400	280
	出殼繭	400	40

第三目 鄂城縣農產物表

類　別	作物畝數	收穫量
粳　米	25 057 畝	55 165
糯　米	5 057	10 114
大　麥	15 600	29 630
小　麥	101 235	182 223
蕎　麥	146	150
大　豆	720	1 224
小　豆	755	1 132
蠶　豆	1 200	2 400
豌　豆	176	308
菉　豆	422	654
苧　麻	11 000 畝	2 200 000 斤
棉　花	19 510	3 134 500
菸　葉	400	92 000
綠　茶	467 户	1 518
紅　茶	720	16 512

第四目　鄂城縣蠶繭表

繭別		數量	價額
春蠶	繭	970 000 斤	31 040 元
	玉繭	240 000	7 200
	屑繭	705 000	15 510
	出殼繭	845	152

據該縣報告，僅春季購葉飼蠶一度而已。

第五目　嘉魚縣農產物表

類別	作物畝數	收穫量
粳米	61 497 畝	92 245 石
糯米	3 867	4 640
大麥	36 364	96 885
小麥	29 666	32 632
大豆	89 756	13 463
小豆	7 125	9 260
高粱	146 846	
芝蔴	42	28

续表

类　别	作物亩数	收获量
落花生	1 600	12 200
大　麻	22 000	2 121 000
红　茶	428 户	71 240 斤
茶　子	76	7 900

第六目　嘉鱼县蚕茧表

茧别		数　量	价　额
春蚕	茧	3 200 斤	800 元
	玉茧	800	24
	屑茧	1 500	270
	出壳茧	1 400	140

第七目　蒲圻县农产物表

类　别	作物亩数	收获量
粳　米	78 124 亩	195 310 石
糯　米	18 651	44 762

续表

类　别	作物畝数	收穫量
大　麥	78 605	204 373
小　麥	109 272	274 107
大　豆	2 484	6 210
小　豆	1 662	4 115
高　粱	3 615	10 845
芝　蔴	2 152	1 076
落花生	2 365	9 933
苧　蔴	31 955	2 556 400 斤
棉　花	11 715	1 171 500
菸　葉	1 955	195 500
緑　茶	276 户	4 416 000
紅　茶	358	4 620 000
茶　末	140	336 000
茶　子	135	324 000
茶　牙	185	2 405 000

第八目 蒲圻縣茶田表

茶田鄉別	畝　數
東鄉石坑團	360 畝
南鄉羊樓峒	654
西鄉車埠團	342
北鄉上寺團	225
西南鄉辛店	175

湖北茶爲該縣特産，故專列一表。

第九目 咸甯縣農産物表

類　別	作物畝數	收穫量
粳　米	299 957 畝	839 879 石
糯　米	898	1 616
大　麥	1 247	1 122
小　麥	1 386	1 247
大　豆	986	739
小　豆	1 097	822
蠶　豆	257	141

续表

类别	作物亩数	收获量
豌豆	213	127
菉豆	106	58
落花生	3 267	3 201
大麻	4 100	56 200
苎麻	5 617	59 798
棉花	345	17 350
菸叶	2 531	25 454
红茶	8 956	527 544
绿茶		2 532 651

据该县报告，缺蚕茧一类，仅报人工制丝每年约缫丝得四百四十七斤。

第十目 崇阳县农产物表

类别	作物亩数	收获量
粳米	194 637 亩	486 592 石
糯米	23 000	575 000
大麦	3 400	5 100

续表

類　別	作物畝數	收穫量
小　麥	5 200	5 200
蕎　麥	5 000	7 500
大　豆	2 740	2 740
小　豆	1 900	2 850
繭　豆	1 700	1 700
豌　豆	500	250
菉　豆	700	350
芋	7 244	28 976
馬鈴薯	30 000	150 000
棉　花	480	14 400
菸　葉	600	60 000
紅　茶	700 户	1 000 000 斤
茶　末	200	250 000
茶　子	300	24 000
茶　牙	200	1 000 000

第十一目　崇陽縣蠶繭表

繭別		數量	價額
春蠶	繭	5 000 斤	2 333 元
	玉繭	2 000	466
	屑繭	1 000	266
	出殼繭	1 000	600

據該縣報告，無成畦桑田，不過樹宅有桑，取以飼蠶而已。

第十二目　通山縣農產物表

類別	作物畝數	收穫量
粳米	133 189 畝	162 224 石
糯米	6 045	6 583
大麥	856	987
小麥	4 164	5 730
蠶豆	2 346	4 170
豌豆	695	632
菉豆	312	280
玉蜀黍	2 878	3 022
高粱	710	687
馬鈴薯	23 752	154 388

續表

類別	作物畝數	收穫量
芝麻	143	1 552
落花生	2 167	3 437
苧麻	6 934	384 280 斤
棉花	2 564	30 768
紅茶	2 695	435 465

該縣報告，每年產繭三千六百五十一斤，樹藝茶桑散見山麓並無成畦之田，故付闕如。

第十三目　通城縣農產物表

類別	作物畝數	收穫量
粳米	270 560 畝	811 560 石
糯米	6 510	16 927
大麥	1 520	2 736
小麥	1 810	3 077
蕎麥	3 580	4 296
大豆	2 880	2 880
小豆	4 050	3 240
蠶豆	1 200	1 200
豌豆	1 500	1 200
菉豆	500	400

续表

类别	作物亩数	收获量
高粱	150	300
落花生	1 025	3 075
苎麻	1 450	18 000 斤
棉花	320	1 600
烟叶	550	15 400
绿豆	2 189 户	251 580 斤

第十四目 通城县蚕茧表

茧别		数量	价额
春蚕	茧	4 150 斤	2 490 元
	玉茧	380	152
	屑茧	250	75
	出壳茧	645	451
夏蚕	茧	1 540	847
	玉茧	360	144
	屑茧	280	84
	出壳茧	1 420	923

据该县报告，无专饲蚕之户，春夏二季妇女饲蚕少许如表数，秋蚕、柞蚕、天蚕俱无，故付阙如。

第十五目　大冶縣農產物表

類　別	作物畝數	收穫量
粳　米	311 010 畝	466 515 石
糯　米	11 853	17 779
大　麥	19 993	15 994
小　麥	66 765	53 412
大　豆	1 660	1 328
小　豆	4 286	3 000
玉蜀黍	17 913	12 539
馬鈴薯	37 979	303 832
落花生	854	1 296
苧　麻	4 692	740 760
棉　花	2 642	79 260
煙　葉	731	21 930
茶　牙	330 户	660

該縣報告，桑蠶俱無，即茶牙一項，仍以隙地種植不成大宗也。

第十六目 陽新縣農產物表

類　別	作物畝數	收穫量
粳　米	58 794 畝	27 588 石
糯　米	30 072	30 072
大　麥	29 761	59 522
小　麥	61 799	125 598
蕎　麥	4 736	4 736
蠶　豆	3 156	6 312
豌　豆	1 042	2 084
菉　豆	1 103	2 206
黃　豆	2 347	2 347
玉蜀黍	62 976	35 952
高　粱	57 324	114 648
馬鈴薯	56 724	680 688
芝　麻	1 121	3 363
落花生	9 905	19 810
苧　麻	71 967 畝	2 878 680 斤
棉　花	67 789	1 355 780

續表

類 別	作物畝數	收穫量
菸 葉	6 896	13 792
綠 茶	975 戶	11 357 斤
紅 茶	1 632	187 530
茶 末	1 298	10 379
茶 子	737	57 815

　　該縣爲產麻特區，每年由武穴直接出口日本者甚多，以表列二百八十餘萬斤尚非極高之收量，至蠶桑一門，每年產繭不過五千餘斤，桑田亦無成畦處所。

第十七目　漢陽縣農產物表

類 別	作物畝數	收穫量
粳 米	144 754 畝	327 289 石
糯 米	33 042	65 192
大 麥	102 318	171 280
小 麥	81 721	150 857
豌 豆	7 736	19 897
玉蜀黍	10 478	19 363
小 豆	10 077	99 560

续表

類別	作物畝數	收穫量
蠶豆	2 203	27 369
菉豆	3 127	4 575
高粱	10 346	14 826
馬鈴薯	1 312	1 995
芝麻	30 771	30 402
棉花	98 696	6 910 000

該縣報告，並無桑蠶。

第十八目 夏口縣農產物表

類別	作物畝數	收穫量
糯米	500 畝	1 000 石
大麥	34 800	52 200
小麥	27 300	40 950
燕麥	8 100	12 150
蕎麥	25 454	38 181
大豆	2 420	3 630
小豆	2 580	3 870

续表

类　别	作物亩数	收获量
蚕　豆	6 340	9 510
豌　豆	2 161	3 243
菉　豆	3 170	4 755
大　麻	030	6 300

该县地窄而境狭，商埠占地甚阔，农产不多，桑茶茧丝俱无。

第十九目　汉川县农产物表

类　别	作物亩数	收获量
粳　米	123 962 亩	322 301 石
糯　米	16 775	31 033
大　麦	96 951	57 713
小　麦	29 137	23 892
大　豆	59 620	44 715
蚕　豆	157 620	88 267
豌　豆	43 516	21 758
菉　豆	11 036	6 842
粟	5 963	14 907

続表

類別	作物畝數	收穫量
高粱	4 379	8 758
芝麻	5 237	39 277
落花生	40 235	28 164
棉花	62 413	4 993 000

第二十目　漢川縣蠶繭表

繭別		數量	價額
夏蠶	繭	1 456 720 斤	728 110 元
	玉繭	35 510	12 428
	屑繭	21 210	6 362
	出殼繭	13 576	11 142

第二十一目　黃陂縣農產物表

類別	作物畝數	收穫量
粳米	676 800 畝	3 857 760 石
糯米	189 300	880 245

续表

类别	作物亩数	收获量
大麦	93 800	506 520
小麦	109 000	566 800
荞麦	28 500	798 000
大豆	6 985	125 730
小豆	2 250	148 500
豌豆	1 440	37 440
菉豆	1 800	82 800
落花生	7 500	33 750

第二十二目 黄陂县蚕茧表

茧别		数量	价额
春蚕	茧	5 000 斤	1 680 元
	出壳茧	2 000	500
夏蚕	茧	30 000	6 600
	玉茧	28 000	7 280
	出壳茧	25 000	1 500
榨蚕	茧	4 800	384
	玉茧	3 000	150

第二十三目　孝感縣農產物表

類　別	作物畝數	收穫量
粳　米	416 720 畝	750 000 石
糯　米	43 140	77 652
大　麥	128 900	141 790
小　麥	154 000	154 000
大　豆	12 200	295 790
小　豆	8 740	6 992
蠶　豆	9 230	8 307
菉　豆	7 550	6 795
高　粱	5 340	5 340
芝　麻	4 820	2 410
棉　花	22 800	2 280 000 斤
菸　葉	15 500	775 000

據該縣報告，棉花爲出產大宗，菸葉居次多數。

第二十四目　孝感縣蠶繭表

繭　別		數　量	價　額
春　蠶	繭	293 800 斤	117 520 元
	玉　繭	55 600	22 240
	出殼繭	850	1 700

該縣報告，亦無夏蠶、秋蠶、榨蠶、天蠶，故闕。

第二十五目　沔陽縣農產物表

類別	作物畝數	收穫量
粳米	419 453 畝	922 796 石
糯米	48 548	104 368
大麥	283 575	340 290
小麥	371 251	408 376
大豆	345 334	358 697
小豆	84 357	103 759
蠶豆	203 230	264 199
豌豆	143 230	171 876
菉豆	83 231	91 554
玉蜀黍	114 833	129 757
高粱	203 151	237 686
芋	18 567	517 625
落花生	36 952	177 240
棉花	231 143	27 737 600

該縣係產棉最富之區，蠶繭僅有春蠶一種，每年約產四百八十六萬五千七百餘斤，出殼繭約產二萬五千六百餘斤，桑無專田，飼無專戶。

第二十六目 黄岡縣農産物表

類 別	作物畝數	收穫量
粳 米	720 836 畝	1 081 281 石
糯 米	32 961	42 848
大 麥	58 541	87 812
小 麥	60 978	91 468
大 豆	19 863	25 821
小 豆	8 695	11 303
蠶 豆	67	335
豌 豆	825	412
菉 豆	317	158
高 梁	1 138	1 138
甘 藷	316	316
芝 麻	12 450	6 225
落花生	9 568	19 136
大 麻	1 074	214 800 斤
苧 麻	1 384	276 800
棉 花	1 223 128	46 625 600
菸 葉	56 744	11 348 800

該縣特產棉與菸兩宗，藥材有草本之荆芥、半夏，木本之茯苓。

第二十七目　黃岡縣蠶繭表

繭別		數量	價額
春蠶	繭	266 420 斤	126 568 元
	玉繭	1 410	432
	屑繭	13 560	678
	出殼繭	281 510	127 678

第二十八目　黃安縣農産物表

類別	作物畝數	收穫量
粳米	296 712 畝	498 476 石
糯米	66 450	49 173
大麥	113 647	72 734
小麥	89 786	49 202
蠶豆	3 236	1 340
豌豆	8 863	3 767
菉豆	8 911	4 579
高粱	4 836	18 739

续表

类别	作物亩数	收获量
芝麻	1 679	593
落花生	196 425	496 955
大麻	256	61 440 斤
苧麻	157	31 400
棉花	36 389	436 668

第二十九目 黄安县蚕茧表

茧别		数量	价额
春蚕	茧	15 896 斤	4 768 元
	玉茧	1 637	327
	屑茧	2 800	336
	出壳茧	566	169
夏蚕	茧	7 126	2 137
	玉茧	756	151
	屑茧	850	102
	出壳茧	212	6

第三十目　黄梅縣農産物表

類　別	作物畝數	收穫量
粳　米	320 000 畝	748 000 石
糯　米	60 000	143 800
大　麥	15 000	39 000
小　麥	7 000	98 000
大　豆	2 000	3 000
小　豆	90 000	90 000
蠶　豆	10 000	20 000
菉　豆	1 000	700
芝　蔴	1 000	2 000
棉　花	140 000	1 120 000
菸　葉	20 000	600 000
茶　牙	100	3 000

該縣僅有春蠶一季，約取繭五千六百餘斤，其數亦甚微矣。

第三十一目 蘄春縣農產物表

類　別	作物畝數	收穫量
粳　米	567 164 畝	1 134 328 石
糯　米	43 375	86 750
大　麥	5 419	10 838
小　麥	36 743	55 115
大　豆	4 974	7 461
小　豆	4 086	4 903
高　粱	4 368	2 621
苧　蔴	1 266	189 900
棉　花	1 534	230 100
菸　葉	1 208	145 000

類　別		收穫量	價　額
藥　材	蘄　艾	32 000 斤	69 500 元
	紫　蘇	37 500	840
	枝　子	1 500	16
	芡　實	2 600	52

第三十二目　蘄春縣蠶繭表

繭別		數量	價額
春蠶	繭	16 900 斤	5 070 元
	玉繭	7 400	940
	屑繭	2 100	215
	出殼繭	1 400	6 465

該縣特產藥材中之蘄艾品極寶貴也。

第三十三目　蘄水縣農產物表

類別	作物畝數	收穫量
粳米	546 316 畝	1 343 937 石
糯米	68 325	143 483
大麥	79 979	128 766
小麥	68 854	75 739
蕎麥	13 286	9 964
大豆	4 530	2 944
小豆	28 656	21 492
蠶豆	232	69
豌豆	356	146
菉豆	525	138

续表

类别	作物亩数	收获量
高粱	6 550	7 532
芝麻	1 280	512
落花生	2 368	5 209
大麻	195	15 600 斤
苎麻	48	4 800
苘麻	65	6 500
棉花	151 560	7 582 500

第三十四目　蕲水县蚕茧表

茧别		数量	价额
春蚕	茧	35 650 斤	9 269 元
	玉茧	428	64
	屑茧	650	65
	出壳茧	348	34
夏蚕	茧	320	83
	玉茧	35	5
	屑茧	30	30
	出壳茧	25	20

第三十五目　麻城縣農産物表

類　別	作物畝數	收穫量
粳　米	801 721 畝	1 282 754 石
糯　米	255	217
大　麥	202 874	198 817
小　麥	422 965	287 616
燕　麥	423	254
蕎　麥	4 230	10 575
大　豆	2 341	398
小　豆	1 625	374
蠶　豆	120	204
豌　豆	150	180
芝　麻	144	173
落花生	112 488	292 469
棉　花	199 868	11 992 080
菸　葉	132	66 000
木類藥材		3 217 800 斤
草類藥材		24 000

　　該縣特産落花生、棉花、藥材三宗，藥材一項每年約值一百二十餘萬元之巨，至若蠶繭一項，每年飼春蠶一季約收六十萬斤，約值洋十五萬五千餘元。

第三十六目　羅田縣農産物表

類　別	作物畝數	收穫量
粳　米	223 752 畝	199 586 石
糯　米	12 992	10 151
大　麥	12 261	9 905
小　麥	23 542	14 360
大　豆	685	264
小　豆	1 554	711
落花生	59	413 斤
芝　蔴	12 075	7 496 石
棉　花	7 581	217 362
菸　葉	150	11 475

第三十七目　羅田縣蠶繭表

繭別		數　量	價　額
春蠶	繭	85 200 斤	426 000 元
	玉繭	9 400	2 820
	屑繭	600	1 200
	出殼繭	95 700	1 500

第三十八目　廣濟縣農產物表

類　別	作物畝數	收穫量
粳　米	435 238 畝	1 101 152 石
糯　米	1 236	2 818
大　麥	2 007	4 254
小　麥	3 974	8 504
大　豆	2 007	4 254
小　豆	3 974	8 504
蠶　豆	1 334	3 215
苧　麻	71 222	6 330 658
棉　花	57 336	3 153 480
菸　葉	1 362	57 204

第三十九目　安陸縣農產物表

類　別	作物畝數	收穫量
粳　米	184 310 畝	143 762 石
糯　米	5 525	27 621
大　麥	130 155	45 554

续表

类　别	作物亩数	收获量
小　麦	53 220	13 305
荞　麦	1 150	172
大　豆	185	46
蚕　豆	225	67
豌　豆	280	98
高　粱	5 825	1 456
芝　麻	320	96
落花生	255	816
棉　花	2 150	2 825
菸　葉	320	96

第四十目　随县农产物表

类　别	作物亩数	收获量
粳　米	263 300 亩	300 270 石
糯　米	1 594 500	255 120
大　麦	160 050	28 090

续表

類　別	作物畝數	收穫量
小　麥	24 750	37 125
大　豆	105 751	105 751
小　豆	85 451	103 541
高　粱	23 390	18 712
大　蔴	2 915	69 960 斤
苧　蔴	1 913	45 912
棉　花	79 383	952 596
菸　葉	73 813	73 813
藥　材	價值 78 543 元	332 416

該縣僅報春蠶一季，約收繭四十七萬三千四百八十三斤，約值洋二十一萬九千六百五十五元。

第四十一目　雲夢縣農産物表

類　別	作物畝數	收穫量
粳　米	127 361 畝	152 833 石
糯　米	39 893	36 502

续表

类　别	作物亩数	收获量
大　麦	88 399	208 179
小　麦	72 715	107 623
荞　麦	5 754	10 645
大　豆	29 083	35 480
小　豆	19 738	20 178
蚕　豆	10 920	10 920
豌　豆	12 714	13 349
菉　豆	4 628	5 553
高　粱	803	2 292
芝　麻	15 406	15 406
落花生	306	995
大　麻	403	55 408 斤
棉　花	78 773	8 516 580

该县报告春蚕一季，年收茧二千五百五十九斤，约值八千余元。

第四十二目　應山縣農產物表

類　別	作物畝數	收穫量
粳　米	58 444 畝	84 743 石
糯　米	18 962	22 754
大　麥	82 519	82 519
小　麥	360 784	450 980
小　豆	942	1 130
蠶　豆	1 870	2 618
豌　豆	4 088	4 905
菉　豆	1 596	1 995
馬鈴薯	3 215	3 858
芝　蔴	1 090	1 526
落花生	4 987	8 976
大　麻	1 821	291 360 斤
棉　花	25 267	303 204 斤
菸　葉	16 788	218 244
藥　材	價值 2 794 元	12 892

該縣僅報春蠶一季，約收五千斤。

第四十三目　應城縣農產物表

類　別	作物畝數	收穫量
粳　米	655 040 畝	1 389 770 石
糯　米	42 750	86 240
大　麥	412 412	408 351
小　麥	273 960	367 440
大　豆	856	1 349
小　豆	219	237
棉　花	8 950	447 500 斤
苧　麻	25	125 石
馬鈴薯	20	550
芝　麻	15	9

該縣豆、棉、苧麻之屬收穫俱微，蠶繭亦僅報春蠶約收六百五十斤而已。

第四十四目　鍾祥縣農產物表

類　別	作物畝數	收穫量
粳　米	1 553 422 畝	671 078 石
糯　米	64 855	27 304
大　麥	1 632 987	289 908
小　麥	123 856	60 070

续表

類　別	作物畝數	收穫量
蕎　麥	832	431
大　豆	411 253	170 670
蠶　豆	231 998	131 775
豌　豆	86 291	38 831
菉　豆	54 150	20 848
高　粱	48 298	33 712
芝　麻	86 923	53 892
落花生	39 895	51 066
大　麻	4 965	223 425 斤
棉　花	4 296	128 880

該縣蠶繭僅春蠶一季，約收繭二萬三千一百餘斤，約值二萬五千六百餘元。

第四十五目　京山縣農產物表

類　別	作物畝數	收穫量
粳　米	628 984 畝	85 723 石
糯　米	81 355	84 609
大　麥	215 467	215 467
小　麥	668 954	822 813
蕎　麥	196 548	212 265

续表

類別	作物畝數	收穫量
大豆	203 168	11 584
小豆	18 693	7 477
蠶豆	8 467	3 387
豌豆	9 752	4 876
菉豆	3 254	1 302
高粱	63 478	76 171
芝麻	1 025	410
落花生	82 432	1 648 640
蕁麻	326	5 868
棉花	42 382	211 910
菸葉	324	25 920

第四十六目 京山縣蠶繭表

繭別		數量	價額
春蠶	繭	36 594 斤	18 297 元
	玉繭	152	68
	屑繭	1 327	530
	出殼繭	38 925	20 600

第四十七目　潛江縣農產物表

類　別	作物畝數	收穫量
粳　米	156 720 畝	472 640 石
糯　米	107 850	361 460
大　麥	179 580	556 720
小　麥	140 596	443 340
蕎　麥	24 540	69 360
大　豆	155 670	314 260
小　豆	112 760	231 780
蠶　豆	44 534	110 260
豌　豆	32 620	67 054
菉　豆	70 484	149 830
玉蜀黍	18 640	56 360
高　粱	24 870	96 880
芝　蔴	21 440	45 960
落花生	26 350	54 650
大　蔴	4 680	244 000
苧　蔴	120	2 840
棉　花	7 460	29 200
藥材半夏	價值 4 252 元	4 620

該縣特產藥材草類之半夏也。

蠶繭春間略有飼養者，所收太少不錄。

第四十八目　天門縣農產物表

類　別	作物畝數	收穫量
粳　米	956 520 畝	1 386 954 石
糯　米	153 970	19 082
大　麥	927 760	1 261 754
小　麥	539 350	749 697
蕎　麥	33 670	29 630
小　豆	452 990	502 819
蠶　豆	131 860	121 310
豌　豆	98 970	93 032
菉　豆	31 860	29 300
高　粱	289 670	353 597
芝　麻	86 940	81 724
落花生	166 480	351 273
苘　麻	21 620	522 900
棉　花	175 920	14 073 600
菸　葉	2 340	23 400
藥　材	價值 6 140 元	29 900

第四十九目　天門縣蠶繭表

繭別		數量	價額
春蠶	繭	318 320 斤	159 160 元
	玉繭	3 740	2 244
	屑繭	2 236	9 344
	出殼繭	325 020	171 497

該縣特產繭棉兩宗爲數甚巨，棉花約收一千四百萬餘萬斤，繭約收三百二十萬斤。

第五十目　荊門縣農產物表

類別	作物畝數	收穫量
粳米	1 145 600 畝	1 718 400 石
糯米	122 600	74 316
大麥	567 840	908 544
小麥	425 500	510 600
大豆	188 640	154 784
小豆	164 460	132 882
黍	85 400	122 976
玉蜀黍	44 600	62 400
芋	16 500	1 904 000

续表

类　别	作物亩数	收获量
马铃薯	24 600	336 400
落花生	122 600	245 200
高　粱	188 640	339 550
大　麻	6 420	1 416 800
苧　麻	8 620	1 650 600
蕁　麻	8 680	1 562 400
棉　花	42 800	513 600
菸　葉	21 600	25 920
草类药材	价值 2 610 元	52 200 斤
果实类药材	价值 9 852	164 200

第五十一目　荆门县蚕茧表

茧别		数　量	价　额
春蚕	茧	92 640 斤	2 779 元
	玉茧	46 160	1 154
	屑茧	23 090	4 618
	出殼茧	2 360	226

第五十二目　當陽縣農產物表

類別	作物畝數	收穫量
粳米	269 000 畝	269 000 石
糯米	32 800	32 800
大麥	83 200	83 200
小麥	145 600	145 600
燕麥	1 100	1 100
蕎麥	1 820	1 820
大豆	8 960	8 960
小豆	3 780	3 780
蠶豆	5 860	5 860
豌豆	6 780	6 780
菉豆	2 330	2 330
稷	1 820	1 820
黍	23 600	23 600
高粱	13 860	13 860
芝麻	89 680	44 840
落花生	93 310	186 620
棉花	80 700	1 614 000
菸葉	8 640	1 728 000

該縣春蠶一季收繭三十六萬餘斤。

第五十三目　遠安縣農產物表

類別	作物畝數	收穫量
粳米	97 826 畝	73 161 石
糯米	310	155
大麥	25 196	25 196
小麥	6 120	367
蠶豆	2 510	2 008
豌豆	2 100	1 680
粟	97 826	195 652
高粱	2 500	3 000
落花生	800	2 400
藥材	價值 4 266 元	385 210 斤

該縣春蠶約收繭八千一百餘斤。

第五十四目　襄陽縣農產物表

類別	作物畝數	收穫量
粳米	244 700 畝	160 200 石
糯米	6 700	4 470
大麥	285 000	151 900

續表

類　別	作物畝數	收穫量
小　麥	832 000	160 600
蕎　麥	10 000	6 560
大　豆	66 200	36 960
小　豆	69 000	36 405
蠶　豆	48 300	30 670
豌　豆	53 300	34 220
菉　豆	42 900	29 220
粟	346 000	225 700
黍	9 600	6 780
玉蜀黍	6 780	5 944
高　粱	1 286 000	306 800
甘　藷	6 700	15 080
芋	8 300	18 070
馬鈴薯	64 600	185 480 斤
芝　蔴	506 000	238 100 石
落花生	30 700	35 400
大　蔴	23 400	8 734 000
棉　花	396 100	15 770 000

該縣大蔴、棉花、芝蔴俱特產大宗，惟蠶無。

第五十五目　宜城縣農產物表

類　別	作物畝數	收穫量
粳　米	192 370 畝	100 032 石
糯　米	66 788	30 055
大　麥	117 994	82 596
小　麥	199 790	159 832
蕎　麥	56 226	33 736
蠶　豆	145 850	291 700
豌　豆	90 782	145 251
粟	103 679	165 726
黍	100 638	120 766
高　粱	78 870	110 418
芝　麻	230 425	368 680
棉　花	5 457	81 855 斤
菸　葉	2 687	53 740

該縣芝麻沿襄河收穫甚巨，春蠶收穫甚微。

第五十六目 南漳縣農產物表

類 別	作物畝數	收穫量
粳 米	130 943 畝	163 630 石
糯 米	13 408	10 727
大 麥	7 035	9 146
小 麥	8 128	8 941
燕 麥	7 672	6 138
蕎 麥	13 746	6 873
蠶 豆	1 834	734
豌 豆	1 986	1 192
黃 豆	4 207	1 262
青 豆	2 548	764
高 粱	84 138	143 035
芝 麻	28 983	20 288
大 麻	75 400	150 800 斤
棉 花	28 840	865 200
菸 葉	6 140	429 800
藥 材	價值 2 505 元	17 540

第五十七目　南漳縣繭蠶表

繭　別		數　量	價　額
春蠶	繭	469 506 斤	140 851 元
	玉　繭	25 284	25 284
夏蠶	屑　繭	608	182
	出殼繭	72	72

第五十八目　棗陽縣農産物表

類　別	作物畝數	收穫量
粳　米	232 592 畝	288 414 石
糯　米	21 371	25 858
大　麥	32 124	30 517
小　麥	45 712	39 769
大　豆	793	642
小　豆	531	414
蠶　豆	421	231
豌　豆	395	312
菜　豆	295	246

續表

類別	作物畝數	收穫量
高粱	1 325	1 126
芝麻	5 579	
大麻	2 557	178 990 斤
苧麻	975	68 250
亞麻	812	56 840
棉花	392 347	78 702 900
菸葉	579	173 700
藥材	價值 198 800 元	384 240

該縣鹽春鹽一季，每年僅收六百九十一斤，爲數甚微。

第五十九目 穀城縣農產物表

類別	作物畝數	收穫量
粳米	185 000 畝	815 000 石
糯米	024 000	024 000
大麥	100 000	100 000
小麥	131 000	196 500
大豆	015 000	007 500

续表

类　别	作物亩数	收获量
蚕豆	003 000	009 000
粟	010 000	015 000
黍	019 000	038 000
玉蜀黍	014 000	037 000
芝麻	015 000	045 000
棉花	000 800	50
菸叶	1 200	100
药材	价值29 500元	205 000斤

该县报收春茧七千五百二十斤。

第六十目　光化县农产物表

类　别	作物亩数	收获量
粳米	13 555亩	20 332石
糯米	7 653	9 183
大麦	73 780	88 536
小麦	318 200	254 560
蚕豆	891	6 237

續表

類別	作物畝數	收穫量
玉蜀黍	84 069	84 069
高粱	2 472	2 966
芝麻	347	2 776
落花生	85 364	119 509
大麻	1 550	23 250 斤
棉花	6 976	481 320
菸葉	1 350	13 500
藥材	價值 7 464 元	32 640

該縣春蠶報收一萬一千一百斤。

第六十一目 均縣農產物表

類別	作物畝數	收穫量
粳米	110 043 畝	352 137 石
糯米	17 365	52 095
大麥	4 635	4 689
小麥	22 365	179 784

续表

类别	作物亩数	收获量
高粱	2 500	2 500
蚕豆	8 672	12 140
豌豆	12 254	16 704
菉豆	2 163	2 163
豆	1 215	1 215
粟	16 860	37 092
玉蜀黍	131 840	243 680
芝麻	16 230	19 476
落花生	8 950	2 688
棉花	895	4 475 斤
菸葉	36 195	5 429 250

該縣菸葉係特產，名均紐，東西洋各國俱設莊收買，春蠶僅收九千二百七十三斤。

第六十二目　鄖縣農產物表

類別	作物亩數	收獲量
粳米	16 598 亩	10 622 石

續表

類　別	作物畝數	收穫量
糯　米	1 842	1 142
大　麥	17 134	1 028
小　麥	85 490	51 294
大　豆	15 075	6 030
小　豆	1 425	570
蠶　豆	21 400	9 360
豌　豆	104 125	52 062
菉　豆	12 056	4 826
玉蜀黍	165 918	116 142
芝　蔴	28 422	15 368
棉　花	2 940	88 200
菸　葉	10 500	1 575 000
藥　材	價值 302 140 元	151 520

該縣菸、藥收穫之數甚巨，據報春繭收穫九萬八千五百斤。

第六十三目　房縣農產物表

類　別	作物畝數	收穫量
粳　米	76 050 畝	258 570 石
糯　米	11 903	39 279
大　麥	5 000	15 000
小　麥	35 352	77 774
大　豆	2 760	11 040
小　豆	956	3 824
蠶　豆	2 570	1 542
豌　豆	5 438	5 438
菉　豆	3 506	1 753
玉蜀黍	2 350	5 875
芝　蔴	2 000	1 000
棉　花	1 785	107 100
菸　葉	1 327	66 350

該縣春蠶一季，計收繭十五萬一千八百斤。

該縣特產黑木耳、白木耳、黃木耳、桂花木耳每年產額豐歉不定，亦銷售之大宗，該縣未據報告補錄，以備參考。

第六十四目　竹谿縣農產物表

類　別	作物畝數	收穫量
粳　米	13 450 畝	24 210 石
糯　米	580	696
大　麥	2 500	550
小　麥	93 550	18 710
小　豆	5 050	1 515
豌　豆	10 530	2 106
玉蜀黍	28 500	5 700
馬鈴薯	1 500	2 100
芝　蔴	2 350	940
火　蔴	42	3 160
桐　蔴	30	2 100
棉　花	268	5 360
菸　葉	145	4 350 斤
藥材黃連	價值 9 750 元	6 500

該縣據報夏繭一季，約收七千八百〇六斤。

第六十五目　竹山縣農產物表

類別	作物畝數	收穫量
粳米	107 500 畝	215 000 石
糯米	7 500	13 000
大麥	17 000	34 000
小麥	51 000	130 000
黄豆	2 250	4 500
玉蜀黍	160 000	320 000
芝麻	1 800	3 600
棉花	1 400	140 000 斤
菸葉	240	24 000
藥材	價值 1 020 元	105 000

該縣據報春繭約收一萬九千斤。

第六十六目　保康縣農產物表

類別	作物畝數	收穫量
粳米	4 600 畝	9 984 石
糯米		1 239
大麥	3 560	1 619
高粱		22 980

該縣農產物極微，夏蠶作繭約收二千七百斤。

第六十七目　鄲西縣農產物表

類別	作物畝數	收穫量
粳米	9 056 畝	195 437 石
糯米	2 197	4 339
大麥	153 861	234 023
小麥	285 985	462 438
大豆	3 517	4 009
小豆	1 309	1 331
豌豆	27 957	34 779
菉豆	12 143	8 658
玉蜀黍	365 144	660 180
馬鈴薯	2 660	6 118
芝麻	1 816	893
棉花	2 134	96 030
菸葉	2 471	415 128
藥材	價值 2 626 元	105 534

該縣據報無蠶繭。

第六十八目　江陵縣農產物表

類　別	作物畝數	收穫量
粳　米	204 788 畝	819 152 石
糯　米	56 925	227 700
大　麥	26 960	64 704
小　麥	33 902	33 902
豌　豆	8 100	8 100
菉　豆	3 500	3 150
黍	4 050	6 075
高　粱	6 500	7 800
落花生	4 800	4 230
大　蔴	400	164 000 斤
棉　花	3 630	272 250
菸　葉	504	48 384
草類藥材	價值 2 069 元	41 380 斤
木類藥材	價值 11 884	198 060
果實類藥材	價值 6 314	97 240

該縣春鹽一季，約收三十七萬一千餘斤。

第六十九目　公安縣農產物表

類別	作物畝數	收穫量
大　麥	4 185 畝	6 361 石
小　麥	2 988	4 302
蕎　麥	1 385	720
大　豆	400 888	52 336 000
小　豆	1 644	1 810
豌　豆	1 252	1 377
高　粱	41 129	69 919
芝　麻	1 242	1 366
棉　花	42 344	338 752

該縣夏蠶一季，收繭約十萬餘斤。

第七十目　石首縣農產物表

類別	作物畝數	收穫量
粳　米	432 546 畝	778 583 石
糯　米	13 211	21 798
大　麥	132 145	224 647
小　麥	72 114	115 382
大　豆	2 919	3 794

續表

類別	作物畝數	收穫量
小 豆	9 162	11 910
豌 豆	12 101	19 362
菉 豆	1 910	2 856
粟	1 301	1 561
高 粱	2 908	4 362
芝 蔴	1 003	1 103 斤
棉 花	1 921	38 996

該縣夏蠶一季，收繭約十萬餘斤。

第七十一目　監利縣農產物表

類別	作物畝數	收穫量
粳 米	337 525 畝	1 012 575 石
糯 米	119 123	357 369
大 麥	136 511	409 533
小 麥	181 655	544 965
豌 豆	111 335	334 005
落花生	155	1 085
棉 花	155 551	31 110 300 斤

該縣產棉甚富，計收三千一百一十萬餘斤。
春蠶一季，約收四萬一千餘斤。

第七十二目　松滋縣農產物表

類　別	作物畝數	收穫量
粳　米	283 200 畝	509 760 石
糯　米	18 000	28 800
大　麥	243 000	267 300
小　麥	155 100	155 100
蕎　麥	22 000	24 200
大　豆	18 000	19 800
小　豆	71 000	71 000
菉　豆	10 000	11 000
粟	115 000	115 000
高　粱	20 000	22 000
芝　蔴	20 000	16 000
落花生	3 000	3 300
糖厭蔴兩種	3 000	15 000
棉　花	150 000	900 000

該縣報夏繭一季，約收二萬三千七百四十斤。

第七十三目　枝江縣農產物表

類別	作物畝數	收穫量
粳 米	225 480 畝	541 152 石
糯 米	3 540	7 788
大 麥	110 319	13 238
小 麥	88 945	97 883
小 豆	8 135	9 762
亞 麻	118	3 886 斤
棉 花	37 820	725 180
菸 葉	205	10 385

該縣春蠶一季，約收繭四萬一千餘斤。

第七十四目　宜都縣農產物表

類別	作物畝數	收穫量
糯 米	2 815 畝	5 349 石
粳 米	124 564	236 672
大 麥	27 844	13 922
小 麥	36 960	18 480
蕎 麥	37 407	18 704

續表

類　別	作物畝數	收穫量
高　粱	21 440	10 720
苧　麻	2 100	8 400 斤
棉　花	44 200	530 400

該縣夏蠶一季，約收繭一萬三千六百餘斤。

第七十五目　宜昌縣農產物表

類　別	作物畝數	收穫量
粳　米	21 540 畝	43 329 石
糯　米	2 100	4 221
大　麥	28 000	84 000
小　麥	49 450	148 350
大　豆	8 800	23 760
蠶　豆	27 540	96 390
豌　豆	9 460	28 380
菉　豆	7 300	19 700
高　粱	44 500	133 500
芝　麻	11 550	15 060
棉　花	17 378	573 474 斤

該縣春蠶一季，約收繭一萬二千六百斤。

第七十六目　長陽縣農產物表

類　別	作物畝數	收穫量
粳　米	17 542 畝	26 419 石
糯　米	860	133
大　麥	84 890	21 303
小　麥	29 535	88 724
蠶　豆	5 532	5 815
豌　豆	6 828	11 001
高　粱	35 830	71 660
馬鈴薯	12 220	32 000
棉　花	2 000	8 000
菸　葉	2 000	32 000

該縣據報山高不宜樹桑。

第七十七目　興山縣農產物表

類　別	作物畝數	收穫量
粳　米	4 485 畝	3 665 石

续表

类　别	作物亩数	收获量
糯　米	396	214
大　麦	1 107	930
小　麦	4 181	4 265
大　豆	4 909	6 923
豌　豆	4 598	3 478
四季豆	1 280	1 038
眉　豆	3 164	2 503
高　粱	11 257	11 956
马铃薯	2 122	2 158
大　麻	264	14 256 斤
苘　麻	105	5 460
棉　花	1 034	58 938
菸　叶	566	44 148
药材类	价值 9 220 元	168 739

该县报夏蚕一季，收获甚微。

第七十八目　巴東縣農產物表

類　別	作物畝數	收穫量
粳　米	5 966 畝	8 949 石
糯　米	522	626
大　麥	4 550	2 275
小　麥	18 340	25 676
大　豆	35 150	21 090
小　豆	7 060	3 530
蠶　豆	10 400	8 320
豌　豆	14 154	11 316
菉　豆	1 510	755
馬鈴薯	21 000	840 000
芝　蔴	2 800	2 240
棉　花	1 720	17 200 斤
菸　葉	11 160	111 600

據該縣報山高氣冷不宜蠶桑。

第七十九目　五峯縣農產物表

類　別	作物畝數	收穫量
粳　米	3 000 畝	3 200 石
糯　米	400	400
大　麥	600	300
小　麥	2 400	1 400
黃　豆	2 200	1 000
蠶　豆	200	80
包　穀	23 000	43 000
莘　芋	2 500	14 000

據該縣報山深峯峻，向不宜蠶。

土人以包穀為食料大宗，較米尤收穫豐富也。

第八十目　秭歸縣農產物表

類　別	作物畝數	收穫量
粳　米	79 115 畝	47 900 石
糯　米	23 200	14 000

续表

类别		作物亩数	收获量
大麦		42 730	23 500
小麦		104 000	52 000
燕麦		13 333	6 000
荞麦		22 500	9 000
大豆		2 125	1 700
蚕豆		1 050	840
豌豆		12 850	9 000
菉豆		1 330	800
玉蜀黍		11 328	7 860
高粱		36 900	29 520
棉花		166	5 000 斤
菸叶		240	300
药材	五倍子	价值 80 元	600
	根户		

该县收茧甚微。

第二節　各縣桑田畝數之統計

縣　別	桑田畝數	約計畝數	合計畝數
武昌縣	461 畝	650 畝	1 111 畝
嘉魚縣	4 637	439	5 076
蒲圻縣	312		321
咸甯縣		5	5
崇陽縣	8	150	113
通城縣		1 200	1 200
陽新縣		38	38
漢川縣	16 750		16 750
黃陂縣		550	550
孝感縣		480	480
沔陽縣	54 205	12 506	66 711
黃岡縣	47	3 428	5 475
黃安縣		66	66
黃梅縣		121	121
蘄春縣	92	101	193

續表

縣　別	桑田畝數	約計畝數	合計畝數
蘄水縣	25	325	350
麻城縣		12 104	12 104
羅田縣		422	422
廣濟縣		105	105
隨縣	1 890	939	2 829
應山縣	32		32
鍾祥縣	204	326	530
京山縣	1	248	249
天門縣	91 164	10 920	102 084
荊門縣	5 018	46 346	51 364
當陽縣	5	7 590	7 595
遠安縣		225	225
南漳縣	1 287		1 287
穀城縣		540	540
光化縣	184	112	296
均　縣	120	95	215
鄖　縣		7 708	7 708

續表

縣　別	桑田畝數	約計畝數	合計畝數
房　縣		697	697
竹谿縣	2	30	32
竹山縣	200		200
保康縣		11	11
鄖西縣	7	63	70
石首縣		102	102
監利縣	17		17
松滋縣	238	191	429
枝江縣	598	300	898
宜都縣		781	781
宜昌縣		2 500	2 500
長陽縣		25	25
興山縣		57	57
巴東縣		84	84
秭歸縣		1 230	1 230

統計四十七縣報有成畦桑田共十七萬七千五百零四畝，樹宅之桑、散植之桑不成畦者共十一萬五千七百六十五畝，總共二十九萬三千二百六十九畝。

第三節　各縣農產物之統計

粳米	共收五千零三十五萬三千四百一十六石
糯米	共收一千四百零三萬一千五百七十五石
大麥	共收八百六十一萬〇七百五十七石
小麥	共收一千九百三十六萬〇〇五十三石
燕麥	共收五萬九千八百五十八石
大豆	共收一千七百六十一萬五千七百五十九石
小豆	共收九百五十萬〇四千三百三十八石
蠶豆	共收一百三十七萬〇〇七百八十三石
豌豆	共收一百二十一萬八千六百七十三石
菉豆	共收五十萬〇九千五百一十九石
青豆	共收四萬三千〇五十八石
豇豆	共收一萬六千一百四十七石
稷	共收十一萬七千六百九十九石
黍	共收四十四萬五千六百五十五石
玉蜀黍	共收二百一十四萬一千九百八十六石
粟	共收一百三十七萬九千〇八十二石
高粱	共收二百三十八萬〇一百二十六石
甘藷	共收二十一萬九千三百十四石
芋	共收三百三十五萬一千〇三十七石
馬鈴薯	共收三百七十二萬五千六百二十三石
芝蔴	共收一百一十一萬二千六百三十五石
落花生	共收三百八十四萬三千八百七十二石
甘蔗	共收三百七十萬〇一千八百〇六斤
筍	共收一百二十二萬七千三百八十二斤

各項麻	共收六千三百三十九萬〇七百九十六斤
棉花	共收四萬八千九百二十六萬五千六百五十三斤
菸葉	共收二千四百七十八萬七千一百三十二斤
各項藥材	共收六百三十四萬五千〇一十九斤
	值洋一千九百五十萬〇三百九十八元
各項茶	共收一千八百八十九萬二千三百一十五斤
	值洋四百四十萬〇二千四百九十三元
各項春繭	共收一千四百九十五萬九千九百四十五斤
	值洋四百九十萬〇四千四百四十八元
各項夏繭	共收二百六十一萬〇八百九十五斤
	值洋一百萬〇〇四千一百七十四元
各項秋繭	共收一千九百六十斤
	值洋一千二百三十九元
各項榨繭	共收一萬五千六百七十斤
	值洋五千二百二十八元
各項天繭	共收五萬〇〇〇八斤
	值洋一萬一千〇九十八元
各項絲	共收一百三十六萬六千二百五十一斤
	值洋六百七十八萬二千六百四十二元

　　以上農桑統計各數目，俱係根據民國六年度各縣之報告，七、八兩年度各縣尚未據報齊全。茲據已報各表比較六年度之收穫量，近二年間除被水少數區域略見銳減，其他俱雨暘時若尚稱平稔。列者僅武昌等六十二縣，若恩施、宣恩、建始、利川、來鳳、咸豐、鶴峯等七縣迄未造報，故付闕如。上列各縣分表僅錄收穫重要者，微少產物不錄，倘有特產者正書於表後，各縣土宜產物詳其概矣。另列桑田一表，成畦、散植得區分矣。又列農產物之統計，是各縣之闕文又綜括於茲矣。至若穫量、價值時有變遷，精確原非易易，即此亦足備大略之考證焉。

第四節　農產籽種之徵集

吾國以農立國，農產物幾乎應世界之需要。欲求農產之進步，必先種子之改良，徵集種子試驗推行自不容緩。八年春及據武昌第一農事試驗場之請，分咨直隸、吉林、黑龍江、江蘇、浙江、安徽、江西、河南、山西、甘肅、新疆、察哈爾十一省區選送良種俾資試驗，亟欲研究枳橘遷地之理，楚材晉川之宜。旋准新疆、甘肅之答復，以無佳種可送。准浙江選送水稻、大豆、胡蔴等種子十二包。准察哈爾選送張北三變色黃粟五合，張北紅高粱五合，商都燕麥五合，豐鎮黍五合，涼城胡蔴五合，多倫芥子五合，張北貓眼黑豆五合，張北小黑豆五合，張北大青豆五合，張北大黃豆五合，張北蔓青一兩，張北抱球甘藍一兩。准吉林選送子種二十類。附表說明。

品　名	產地	氣候及土質	肥料	栽培法		收穫及效用	病蟲害	
				播種期	播種法		預防法	驅除法
有芒陸稻	日本札幌	寒煖均適宜腐植土	堆肥及人糞尿	五月上旬條播		九月中旬供食用		無
蜀黍	吉林	喜溫煖宜砂壤	厩糞	五月中旬條播		九月中旬供食用		無
金爪大麥	俄	寒煖均適砂壤為佳	堆肥及人糞尿	五月中旬條播		七月下旬可充飼料釀酒	發生黑穗菌，鹽料浸之	生育期間發生黑穗即拔去之

续表

品名	产地	气候及土质	肥料	栽培法		收获及效用	病虫害	
				播种期	播种法		预防法	驱除法
大黄豆	吉林	喜煖宜腐植土	骨粉草木灰	四月下旬点播		九月中旬可充豆腐等		
大黑豆	奉天	喜煖宜腐植土	骨粉草木灰	四月下旬点播		九月中旬可充豆腐等	发生黑穗菌，盐料浸之	
大青豆	日本	喜煖宜腐植土	骨粉草木灰	四月下旬点播		九月中旬可充豆腐等	发生黑穗菌，盐料浸之	
中生甘蓝	日本	宜稍寒及富水分之壤	堆肥豆粕木灰人粪	四月上旬或条播乾冷床，行一二次之移植		八月采收用盐煮俱可	不宜连作	遇白纹蝶虫害，布石油乳菊粉均可
石刁柏	日本	寒煖肥沃为宜	春用人粪秋用厩粪	四月上旬或条播乾冷床，行一二次之移植		六月中旬采茎炒食		
大红皮萝葡	吉林	不甚选择	油粕人粪木灰	六月中旬下旬条播俱可		十一二月收	腐者生埋于路	遇白纹蝶虫害，布石油乳菊粉均可

续表

品　名	产地	气候及土质	肥料	栽培法		收获及效用	病虫害	
				播种期	播种法		预防法	驱除法
长根葱	吉林	好煖耐寒宜沃	油粕人粪木灰	九月中下旬撒播		六七月采		
蒿苣	直隶	宜水分砂壤	油粕人粪木灰	春夏秋俱均可播种		醃炒俱可		
菠菜	直隶	喜温宜沃	油粕人粪木灰	春秋俱可春播则生花梗				
大芥菜	吉林	喜温富腐植质壤最宜	油粕人粪木灰	七月中下旬				
春白菜	吉林	喜温肥土	油粕人粪木灰	三四月播种				
金黄菜豆	日本	植质土宜	油粕人粪木灰	四月中下旬点种			有见叶锈病，用皮儿多液撒布	

續表

品　名	產地	氣候及土質	肥　料	栽培法		收穫及效用	病蟲害	
				播種期	播種法		預防法	驅除法
猪腰菜豆	俄國	植質土宜	油粕人糞木灰	四月中下旬點種				
紅子菜豆	吉林	植質土宜	油粕人糞木灰	四月中下旬點種				
黑中形菜豆	日本	植質土宜	油粕人糞木灰	四月中下旬點種				
家韵菜豆	吉林	植質土宜	油粕人糞木灰	四月中下旬點種		醃炒俱可		
舊家宅菜豆	奉天	植質土宜	油粕人糞木灰	四月中下旬點種		醃炒俱可		

前表所列播種收穫俱就吉林氣候而言。

准山西選送子種四類。

大　麥　　產於山西農場，清水選種，肥用廐肥，三月十五六播種，每畝播種量約九升，施肥量約二千斤，收穫期在七月，每畝約一担。

甜　菜　　產地同上，選種宜葉擴而根圓，土宜砂壤，糞宜牛肥骨粉，四月下旬播種，收穫每畝四千斤，根可製糖，葉可作菜。

玉菀豆　　篩選，厩肥，三月二十前播種，每畝二升餘，每畝約收七斗二升，可以作麪，可飼牲畜。

無芒大麥　清水選種，厩肥，三月十五、六播種，每畝播量九升，七月四、五號收穫，每畝約一担六斗，作麪。

准直隸選送子種兩類。

棉　（九種名稱）　晉縣紫　晉縣短絨　雄縣長絨　美國大子　美國哈金氏特別早熟　美國得勝　美國銀行存摺　美國仙房洋　美國露西安那

（產　　地）　產於天津農事試驗場。
（選　　種）　冷水浸種三日，去其浮，用其沈者。
（氣候土質）　喜溫煖，忌寒冷，砂質壤土適宜。
（肥　　料）　厩肥、蒿禾灰、坑土可作基肥，豆粕、骨粉可作補肥。
（栽　培　法）　播種後得兩星期幼苗出土，中耕三次，摘心及旁枝三次。
（播種時期）　四月下旬。
（播　種　法）　條播，倘遇旱，掘穴灌水。點播亦可。
（播　種　量）　每畝用種子五斤。
（施　肥　量）　每畝用肥二千斤。
（收穫無期）　九月至十一月。
（布　種　法）　中國種距離一尺二寸，美種宜二尺。
（害蟲病預防及驅除）　水分缺乏有立枯病，急施以灌溉。落萠病，每當成熟時遇霪雨即發生，此病急，宜設法排水。如見蟲害，急宜施以石油乳爲有效。

玉蜀黍(四種名稱)　　靜海縣白玉蜀黍　北京黃玉蜀黍　美國銀玉蜀黍　美國非利王玉蜀黍粟

　　(選　　種)　　選長壯之穗采用其實。
　　(氣候土質)　　溫帶熱帶地俱宜，沃壤尤佳。
　　(肥　　料)　　基肥普通多用廐肥，補肥概施人糞或豆粕。
　　(栽　培　法)　　深耕壤土，次用鐵耙除草三次。
　　(播種時期)　　四月下旬。
　　(播種方法)　　用雙脚耬耩種之。
　　(播　種　量)　　一畝用種三四公升。
　　(施　肥　量)　　一畝廐肥二千斤。
　　(收穫時期)　　九月中旬或下旬。
　　(布　種　法)　　中國種距離一尺二寸，美種必距離二尺。
　　(預防病蟲害)　　病害有黑穗病，蟲害有切根蟲、地蠶、螻蛄等，用苦鹽汁浸種，或用炒信穀子與種子混播可免此害。

准河南選送子種十三類(附一表)。

品種名稱	產地	選種	氣候土質	肥料	播種節	播種量	施肥量	收穫	病蟲	預防
笋瓜	開封	水選	溫煖砂壤	人糞	四月中旬	每一方尺用子一勺	每畝五百斤	七月中旬至九月上旬		
菜豆	開封	水選	溫煖砂壤	廐肥	四月下旬	每畝二升	每畝九百斤	六月至九月		

續表

品種名稱	產地	選種	氣候土質	肥料	播種節	播種量	施肥量	收穫	病蟲	預防
長冬瓜	開封	水選	土壤	人糞	四月下旬	每畝二升	每畝四百五十斤	十一月	蚜蟲	乾濕適宜
胡瓜	閿鄉	水選	土壤	人糞尿	三月下旬	每畝二升	每畝一千斤	無定期		
王瓜	洛陽	水選	土壤	沃肥人糞	四月中旬	每畝二升	每畝六百斤	無定期		
南瓜	桐柏	水選	土壤	人糞	三月下旬	每畝二升	每畝五百斤	七月至九月	害蟲地密	除草
茄	開封	水選	土壤	廐肥	三月中旬	每三方尺子一勺	每畝七百五十斤	七月至九月	青枯病青針蟲	勤灌溉
玉蜀黍	開封	風選及篩選	土壤	羊糞	小暑	每畝三升	每畝九百斤	白露		
高粱	開封	風選及篩選	土壤	羊糞	小滿	每畝二升	每畝九百斤	白露		
水稻	南鄭	鹽水選	土壤	羊糞	芒種	每畝七合	每畝九百五十斤	白露		

續表

品種名稱	產地	選種	氣候土質	肥料	播種節	播種量	施肥量	收穫	病蟲	預防
大青豆	洛陽	風選	土壤	草木灰	夏至	每畝三升	每畝三百斤	秋分		
花紋小豆	閿鄉	風選	土壤	草木灰	夏至	每畝二升	每畝三百斤	秋分		
柳葉青穀	沘源	篩選	土壤	堆肥	芒種	每畝八合	每畝一千一百五十斤	白露		

以上籽種已徵集者，厥為浙江、察哈爾、吉林、山西、直隸、河南計六省，早經分發農場試驗，結果成績優美，即廣播於各縣，亦教稼之初步也。

第五節　整頓桑蠶之試驗

湖北全省各縣俱有產繭之區，樹桑之田實鮮，大都飼蠶於樹宅之桑，絕少成畦之桑也。據調查報告以沔陽、黃州、江陵等縣，河溶、江口、董市、邊江等鎮產絲較多，歷年豐歉，原難一致。大概每年出口數目總在一萬担以外（一百斤為一担），以酌中價額三百兩一担，計之亦有三百萬兩之巨，正宜整頓產額為根本之計劃。據襄陽縣報告，該縣土性宜桑，邑人不知飼蠶作繭，已由該縣提倡蠶業試驗場，俾資誘導。又湖北省議員張瑞基提倡柳蠶條程，又國務院秘書周家儔蒔桑興蠶條程，詳加研究，各有見地，迭次通行。各縣實地仿照試驗亦整頓蠶業之基礎也。茲選錄張瑞基、周家儔條程於左。

(甲) 張瑞基柳蠶條程

蒿柳性質

養柳蠶方法，如擇種、去害、防病等法與桑蠶同，茲不贅錄(原註)。

蒿柳之枝幹與普通之柳無甚區別，惟葉較密，形狹而細長，葉之寬長亦如白蒿，故名蒿柳。其味甘美，葉之背面與生葉之細稍有白茸毛若絲絨。然及葉將落芽嘴復萌，其葉蒂結包如棗核，呈淡黃色，葉落後漸次色鮮，茸毛敷開，明春絮飛而葉生。其他柳葉之背面祇有如白霜者，絕無絲絨之狀，可見蒿柳為天然飼蠶之特種也。

栽柳地宜

栽柳之地高崗不如下濕，黑土勝於白土，沙土為下。凡宅旁溝邊皆宜多栽，於野蠶之外復可養家蠶，所謂一舉兩得也。

栽柳節氣

柳雖易栽，苟失其時，其生不暢。大概落葉後解冰前為上，時以其精內歛，栽後地凍，元氣不散，且土脈鬆活，大省工力。地凍後至解凍前為中，時精液雖歛而掘土費工且冬雪一少，經風搖動，元氣易散。解凍後至生芽前為下，時以精液已洩，雖活不茂且本年不能放蠶。

栽柳方法

柳為易生之物，縱橫顛倒，長短粗細，或移根，或插椿，或插枝條，無不生活。間有不活者，或埋淺失潤，或牛羊踐踏耳。為放蠶計，宜栽椿，深埋枝條次之，移根費工而難茂。栽椿宜選三寸徑粗之幹，截五尺長，以一半入土，距離約五六尺用土堅築，先一冬栽，春生夏長，秋即可飼蠶矣。

栽柳條者，宜將條截五尺，兩端微用火燒，其精液不散。掘坑深一尺五寸，長二尺五寸，平置其中，用土埋之，兩頭微露，生活自易，縱橫相距離六尺一株，然枝梢附地而生，須隔年方能放蠶。

柳條十利

平原放桑蠶，高崗放橡蠶，下濕放柳蠶，無棄地。一利也。

蒿柳處處皆有，不必遠謀種籽，又省工力。二利也。

今冬栽柳，明歲放蠶，其穫利在五穀之先。三利也。

無橡樹處多放柳蠶，有橡樹處補以柳蠶，帛有餘裕。四利也。

天寒之地橡蠶恐難兩季，柳蠶速成可以補橡蠶之不足。五利也。

蠶食柳葉，枝梢兼可作柴。六利也。

男種柳放蠶，女繰絲，各有職事。七利也。

柳蠶絲量等於橡蠶，比於桑蠶，效用甚宏。八利也。

絲銷外洋，裕國富民。九利也。

栽柳一年，養蠶數世，省人工而盡地力。十利也。

（乙）周家僑山桑條程（名曰蒔種山桑驗法）

種桑六則

山桑種類不一，條青而細，葉厚而頓者爲青桑；枝曲如籐，葉大如榕者爲籐桑；葉形厚大，葉色濃碧者爲瓦桑；未葉先花，葉成花落者爲落花桑。均爲山桑上品。然皆無子可種，故其桑亦不多。蒔桑之家均以子桑爲主，即治桑之法亦惟子桑獨多。蓋桑有子可種，故治桑者必自種子始。

（治地）種桑之地，必擇泥多沙少者，鋤深一尺去其瓦礫，破其硬塊，令土勻細如篩過之狀，用水澆濕，但令潤而不膩。地質宜肥而不宜瘠，瘠則於生長力不宏；地形宜狹而不宜寬，寬則疏通時不便也。

（下種）取紫熟桑葚置灰內漉去其汁，以細沙拌之，一二日後灰土漸乾則子不黏膩，然後連灰沙洒於地面，用密齒竹耙扒掩，取亂草薄蓋之，既可少受陽光，又漏晚露，自易生芽矣。

（洒水）蓋草避日，倘日烈於露，必洒水草上以助潤。勿過燥，勿過濕，燥則枯，濕則爛。

（疏苗）苗長二寸，必芟成行，縱橫約離五寸。存肥大者二，餘俱拔去。行路既分，可以灌溉，長至四寸又於二莖之中留其一，則氣厚苗少，力專則長自倍矣。

（無傍枝）苗長尺餘，澆以清糞，其幹易肥，察有傍枝急去，勿令分洩幹力。

（剪正梢）莖長四尺必剪其梢，令於剪處環生枝椏多則留四，少則留三。剪梢則幹易粗，椏少則條易長，霜後葉落大者可如竹，小者亦比箭，即可以移植矣。

移栽六則

凡木惡遷，惟桑喜遷。其性喜疏洩，移得新土疏軟，其根易行，枝葉愈茂，惟距離宜宏以展其蔭，尤喜由瘠而之沃。

（移法）桑苗擇其大者連根抉起，剪其線根，恐線根分大根吸力也。雜樹亦然。

（栽法）栽桑之穴，宜寬不宜深，寬則土疏，深則氣寒，大約根面覆土至多不過三寸，拱把之樹亦不能過五寸。土掩後但用水澆，不必過加杵築，蓋葉喜土疏，澆水則根與土洽，根氣不傷，過築則根為土窘，而根路不暢也。

（相地）植桑之地，以沙地而厚覆潮泥者為最優，宅傍園圃次之，桑苗大小皆可移植。山地為下，非盈把以上之桑不可移植也。山地多瘠，桑小則吸力薄，生長不速也。

（因時）栽桑除大寒大暑外，無月不宜，惟春栽宜於陰，時將熱也，秋栽宜於陽，時將寒也。

（分行）山桑與湖桑性反，湖桑可以密植，枝芽相交，倍行濃茂。山桑性剛，枝條不喜相傍，故其行宜疏，肥地每株必隔三丈以外，瘠地亦宜隔一丈以外，度其成陰之廣狹，為分行之遠近，斯得也矣。

（移植大樹）移植拱把之桑，必立春後、驚蟄前，雨過時未大煖，精汁未洩，移必留根，栽必廣穴，再墊以大麥助其生機，沃以植泥肥其地質，不可過淺、過鬆，恐搖動而不茂。

剪繁條二則

（剪法）桑長二年，宜剪長條繁枝疏風透日，新條繁盛，葉大漿濃。

（剪時）剪桑之時，必立冬以後、驚蟄以前，冬深則氣凝，春淺則精固，剪之無傷，但大樹得春早，尤宜春前。

砍大枝二則

（砍法）瘠桑拱把時只留大枝數莖，於莖一二尺處用利刀斜斷之。大枝斷處，叢生新條，新葉必豐必厚。隔年新條漸老，又仿前法砍之，則新條更發，砍之即所茂之也。

（砍時）瘠桑隔年一砍，砍時必在蠶事三眠前，連葉砍歸，可以飼蠶，可以壯樹，事稱兩便。

去子二則

（割苗）子稀葉始肥大，地瘠則子繁葉小。欲其子少，俟霜葉落後，於桑株挨土割去，用亂草鋪土面燒之，連割三年，子自少矣。

（墊糞）如急求速效，不待三割，可於移栽時穴土四尺，用牛欄糞草墊於穴底，再用塘泥或湖泥鋪於地上，共深二尺外，後將葉根截半植之。法如前，牛糞溫而土鬆，塘湖泥潤而根濡，葉易濃，子自稀矣。

接桑三則

一接幹，二接苞，三接大樹，四接老樹。移接花木之法，由來已久，一經接移劣種可變優種，氣以合而融結易成，質以變而生長更速，接幹不如接苞，從無一失也。移接之法已詳各書，故從略。

糞桑之則

（相宜之糞）《周禮》草人糞種必各適宜。以薙頭短髮為最上品，既肥桑而去蠹，樹得而潤，土得而鬆。次豕糞或湖塘泥入糞，祇宜於瘠地。

（不相宜之糞）騾馬糞爛桑根，牛羊糞涸桑汁，雞塒糞燥結，蔴豆、烏桕各粕多則生蟲，惟桐粕可殺蟲，過多葉苦，蠶不食，亦不可用。

（下糞之法）春宜清糞，秋宜乾糞，清糞易肥葉，乾糞以培本也。

治蟲五則

（統治根幹蠹蟲法）栽桑之時，用薙頭短髮，大樹二三斤，小樹一二斤墊於根底則永免蟲患，桐粕可去蟲而苦葉，故不宜。

（治食根蠹蟲法）清晨清桑根細草去净，土面有細孔，下必有蚓，以小便灌入立化，有地蠶者用火灰或塘泥培根下，則蠶地立涸而死矣。

（治食幹蠹蟲法）食幹蟲有二種，或食幹心者，或食皮種白膜者。見幹上忽有小孔流出紫黑汁或如鋸屑者，即有食蟲也。急用竹削籤釘其孔，此蟲感温風而生，閉風自死。見根上尺寸之内皮色枯瘁，敲之内空，搖皮隨手剝落，即有食膜蟲也。急用鐵鑽孔於未食之處以透風或灌以桐油，蟲自死。

（治食枝蠹蟲法）食枝之蟲，其細如蜢，其黑如漆，四、五月葉長飛來，一鑽即去而枝頭頓枯。舊法係以桐油和水或硫磺煮水洒之，新法以西人去蟲藥水噴之較便。

（治食葉蠹蟲法）感於陰雨而生食葉蟲，法以竹筒裝硫磺煙薰之，則葉展蟲死矣。

按張瑞基、周家僑所陳種柳、種桑各法俱輕而易舉，果能以隙地、荒山推行試辦，裨益蠶業甚大，故采錄存之。原文冗長，略爲削截，尚不失本意（編者識）。

第六節　芝蔴數量之調查

案據美商紐約墨歇爾函詢各種芝蔴生産銷費出入口之統計，當令各縣依表填報。據黃安、保康兩縣報稱不産芝蔴，大冶縣報稱年約産芝蔴百餘石，興山縣報稱年産芝蔴六百二十五石，咸寧縣報稱年産芝蔴一百四十擔，五峯縣報稱年産芝蔴十餘擔，均縣報稱年産芝蔴二萬五千六百二十担，廣濟縣報稱年産芝蔴一萬石，鄖西縣報稱年産芝蔴一萬〇六十二担，製油銷路甚廣，他縣尚未禀報。核諸農産統計，芝蔴一項每年共收一百一十萬二千六百三十五担，相懸數目太遠，詳加考證各縣所産芝蔴多供給本縣製油之用，出口數目自相懸殊也。調查漢口一埠出口數目每年約二十萬石，亦衹得本省產量十分之二零，洋莊采賣多在沿江、襄一帶以及河南漯河一帶。又，出口之芝蔴不盡楚產，是湖北所產芝蔴輸出外洋者尚不得十分之二焉。

第七節　樹藝靛青之概數

藍靛爲染料原質銷路最多之品，舶來染料未運中國以前，幾佔各色染料十分之五六。《詩》曰"終朝采藍"，即可知藍爲中國最古產物也。贛、粵、浙、魯所產較多。自歐西人造靛青充斥各埠，考其質既純潔，色亦耐久，溶染之法且簡且捷，尤以德靛爲最優。吾國土靛幾立於劣敗地位，曩年歐戰事起，舶來頓稀，土靛大有乘勢而興之勢。據上海中國靛青研究會函請調量前來，極思研究改良方法，與歐靛相角逐於市場，又准和蘭使館函請調查，亦可推測歐西需要此項藍靛之原料，當即分令各縣調查概數一表。

縣別	產量年別		所佔畝數	價額
雲夢	一九一四	50 000斤	625斗	每百斤銅元10串
	一九一五	100 000斤	1 250	
	一九一六	150 000斤	1 875	
	一九一七	220 000斤	2 500	
	一九一八	250 000斤	3 125	

續表

縣別	產量年別		所佔畝數	價　額
房　縣	每年約60 000斤		6 000	每百斤銅元22串833文
應　山	產量不多		200	每百斤銅元12串文
巴　東	每年約產100 000斤		5 000	每百斤銅元20串文
光　化	不詳		2 000	每百斤銅元20串文
襄　陽	一九一四	產量不詳	4 000	每百斤約洋15元
	一九一五		12 000	
	一九一六		34 000	
	一九一七		56 000	
	一九一八		28 000	
	一九一九		22 000	
蘄　春	每年約30 000斤		1 000	每百斤銅元10千文
穀　城	每年40 000斤		3 000	每百斤銅元13串文
均　縣	每年2 000斤		200	每百斤銅元20串文
石　首	每年100 000斤		4 000	每百斤銅元20串文
黃　梅	每年800斤		300	每百斤洋40元
麻　城	每年45 000斤		45 000	每百斤銅元12千文

续表

縣別	產量年別		所佔畝數	價額
隨縣	每年63 000斤		1 300	每百斤銅元20千文
黃岡	每年2 704 000斤		225 400	每百斤洋12元
崇陽	每年35 000斤		3 000	每百斤洋10元
黃陂	每年135 000斤		15 000	每百斤銅元9串文
鄂城	每年100 000斤		25 000	每百斤洋10元
遠安	近年6 400斤		800	每百斤洋8元
江陵	每年170 000斤		11 300	每百斤銅元20串文
潛江	不詳		不詳	每百斤銅元20串文
京山	每年800斤		2 100	每百斤銅元22串文
南京	每年12 320斤		1 760	每百斤洋24元
竹谿	每年50 000斤		7 800	每百斤洋9元4角
棗陽	一九一七	273 000斤	210 000	每百斤洋18元
	一九一八	312 000斤	240 000	
	一九一九	270 000斤	270 000	
沔陽	每年27 000斤		30 000	每百斤銅元18串文
武昌	每年1 300斤		100	每百斤銅元22串文

湖北産靛僅二十六縣，其他縣報俱不産靛。查表列二十六縣之中，以黃岡産靛爲最富，若産十萬斤以上者亦僅雲夢、巴東、石首、黃陂、江陵、棗陽六縣，他縣産額亦甚微。

第八節　菸葉種植暨烤製法

近十年間，鴉片尚未除清，捲烟銷耗增巨。查高洪恩條程烟捲一案，據云，七年分之統計，上海一埠進口烟捲、雪茄在內達八千餘萬元，他埠約減上海之半亦在四千萬元，計全國總額約達一萬二千萬元以上，以十倍於鴉片。歷訴烟捲與鴉片之比較，以烟捲無地不可吸食，較鴉片尤便。又訴烟捲與國計之關係，以烟捲爲奢侈品，宜加重征稅，可得巨額之收入。又訴烟捲與民生之關係，以全國人口四萬萬與輸出總額一萬二千萬爲比例，平均每人負担洋三角，金融極爲危險。復論補救之法，宜加重烟捲落地捐，加特許營業稅，提倡自種菸葉，提議專賣進口，於巴黎和會議論詳明，卓有見地。奉大總統令，交財政委員會核議。以提倡自種菸葉一節係爲維持煙葉，挽回利權，奉農商部訓令，前因，當即分令第一、二、三農事試驗場暨咸甯、沔陽、宜都、宜昌、長陽、光化、均縣、鄖縣、南漳、棗陽、鍾祥等産菸縣區遵照提倡在案。旋據南洋兄弟煙草公司條程，亦注意種煙種子暨烤葉製法，與高洪恩條程大意相同，所附美種煙葉種植說略（並籠屋圖），刪錄其播種之法如左。

清明前後氣候漸煖，將鄰井或平川地分做十個席式，鋤鬆，界以土埂，高三寸，寬五寸，能容人行爲合式。地已鋤鬆，仍要踏實，然後撒上薄三層乾糞，耙勻，澆大水一次，次日又澆水一次。澆水前幾天將美國煙種先用清水漂净裝入小布袋內，清晨泡入溫和水內，俟水氣涼由袋取出，用草灰包霧耗乾水氣，放在溫和地方。如此數日，漸生白芽，再分在簸箕，攪和細土拌勻，一席一席撒上。完撒，蓋上乾土，免風吹散。地皮要不乾不濕，並要晴和天氣撒種。十日前後，煙秧長大如錢，厚薄不一，須漫漫拔出小秧。栽子每科約離一寸，始易生長。拔勻之後，澆稀糞一次（人糞與牲口糞攪和泡好）。天時如乾，過四五日再澆水一次。經過二十天，秧栽子一寸多高。如再大小不勻，又要挑揀一次。栽子勻，始易長也。

分栽之法

芒種前後，麥田騰出可以種煙（不要窪地）。將地犁鬆，每畝地用碎豆餅六百斤，人、畜糞三百斤攪和入土，餅愈多，煙愈肥。候餅入土發熱後，把席子內煙苗拔出分栽。列行距離、分科距離均要一尺二寸見方，如下圖 |· · ·|。穴深三寸，煙苗入土一寸餘，一人栽苗一人澆水，每七百二十弓栽三千五六百科爲止。栽完後，再以乾土把苗擁護一次，三日栽活後，務將附根乾葉摘去。倘有梗葉下垂者，即拔而補之。十日內外鋤草一次，大雨之後再鋤一次，以透地氣。煙高七八寸時再上肥一次，每畝均用乾葉一百五十斤。上等地能收煙葉三千斤，中地兩千多斤，次等地二千斤以下。每煙一科葉子長成十七八個時，即將正心摘去。稍弱者長十三四葉時亦可摘心，使其生發力量全歸葉上，旁枝亦應摘去。煙蟲須要勤捕。大約生葉四斤可烤乾煙一斤，每一畝地所得價值可由二百元至百餘元，人工、肥料、燒炭、資本不過數十元，可見種煙利厚也。

割菸之法

白露節後，早菸成熟，至遲不過霜降（煙葉見霜，烤之色黑）。菸割即日須纏上桿，大葉一纏兩葉，小或三四葉，纏好一桿即挂入籠屋樑上。底下一層挂底葉子，二層以上挂好葉子，連挂七八層亦能烤乾。大籠屋可挂一千三四百桿，就是舊屋改造亦可挂五百桿（烤一爐煙，煤五百斤），小屋不如大籠合算，初次種煙不可不知。

建造籠屋

普通屋亦可烤煙，太矮則不合用。倘屋矮可以刨地二三尺，高六尺始合用。屋樑隨屋窗寬窄定長短，此樑與彼樑約離二尺，挂煙桿子長二尺四寸，兩頭剩二寸，可以放穩橫樑。由下至上，此層離彼層約離七八寸，離開則所挂煙葉易通熱氣。屋頂要開五六個氣眼，好透水氣，墙外窗户必須閉緊，烤乾烟再開。如改造籠屋，木料都要用楊柳木，工料不過百十千文，所用地基以長一丈三尺、寬八九尺，高屋簷八九尺或丈餘，所安樑木約七八十根，加上穇秋、稭麥草。又爐條十四根，約共洋七十餘元(原文云京錢二百串，想係山東京錢，合銅京錢一百串，約值七十元)。從前是用鐵管，近日發明用土坯，上蓋大瓦，外用灰泥縫，熱度比鐵管較不猛烈且省錢。想新造籠屋者，無妨照新法試辦且少危險也。

烤菸之法

菸挂好，爐火生着。起初不用大火，由八十度起，至二十四點鐘或三十六點鐘，火表熱度高至一百二十度爲限。煙葉如未變黃色，再烤一點鐘。烤到一百二十度，葉上水氣由屋頂出盡，再添火燒大半點鐘加高二度，三個時辰内高至一百三十度，到了五個時辰又要加高，但不可高過一百四十度之外。燒到這個時候葉應燒乾，倘再不變色，每半個時辰加五度，高到百七十五度，可取下一葉，把梗一擘就斷則成功矣。如果不斷，即謂之不過梗，煙葉易於霉爛，仍要接連燒火至火表一百八十度，斷無不成功之理。切不可燒得度數過高，倘過二百度或二百以外必生危險。切記！切記！菸葉烤好即停火，開煾放出熱氣，地上潑凉水，使葉受微潮便能回軟，然後一桿一桿挂在地窖内挂開，千萬不可放在地下，過受潮則色黑。候熱氣退盡，由桿上取下放在不怕風雨地方，用麻包蓋好。烟葉連子在地窖内過一半日自然柔軟，放在連子裏綁好，切勿用水，因圖小利，全連好烟不值一錢矣。地窖要寬要深，好接地氣。烤乾煙葉出屋之後，當時不入地窖，好色香味俱減。附圖一紙。

按前美種煙葉種植說，係南洋兄弟烟草公司用極淺明語，分給各種菸農户，勸其改良菸種，如法烤葉，誠挽回利權之一法。仍用其意，略加刪削以期文簡易讀也(編者識)。

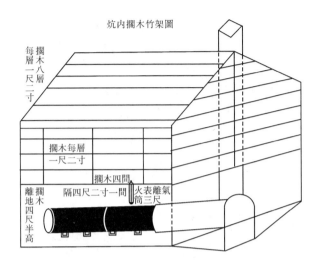

炕內擱木竹架圖

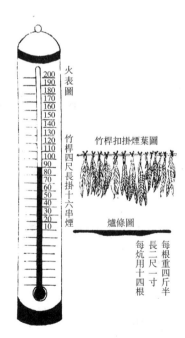

火表圖

竹桿扣掛煙葉圖

爐條圖

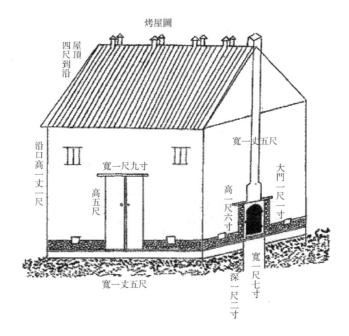

烤屋圖

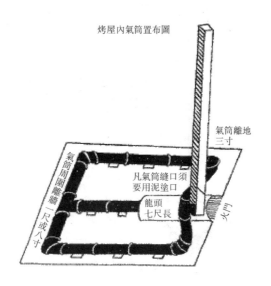

烤屋內氣筒布置圖

第九節　民立會社輔助農務之機關

（湖北全省農會）現在當選正會長宋康益，漢陽人，年三十六歲，前湖北高等農業本科畢業，留充湖北省立武昌甲種農業學校校長，兼全省模範農林試驗場場長。現當選之副會長湯丙南，蘄水人，年三十六歲，前湖北高等農業本科畢業，歷充廣西實業司司長，實業廳廳長。評議員九人：萬國光、楊德棻、姚業駿、索閱、田作硯、吳震、余景德、吳經理、定時中。調查員十人：宋紹郊、胡會昌、文毅、黃炳文、陶樹馨、呂維謙、萬國鎔、尹琢珩、熊濱、彭天鐸。庶務戴鳳池，書記史星槎、樊晳明。

（武昌縣農會）該縣屬恩陽保衛團團總吳士瀛呈請，舉代表徐紹庶、左仁親、范文甫三人組織。恩陽鄉農會所擬章程不合令，再行改訂章程核辦。

（夏口縣農會）九年一月由孫武等證明組織農會，五月核准備案，發給圖記，准予成立。

（黃陂縣農會）八年七月改選，以王士儀為會長，柳衣為副會長。

（黃岡縣農會）但店汎於九年一月齎呈農會章程大致尚合，會員冊列易育廷等三百二十五人，已令該縣知事轉飭該會補具文冊，以憑核轉。

（通城縣農會）九年六月三日核准備案，會長黎丙森、副會長金廷俊。

（通山縣農會）八年十一月核准備案，會長郭鞏、副會長全起璠。

（羅田縣農會）縣民蕭封鄭請組織農林公會，已令知或為農會，或為林會，農林並稱，無從核辦。

（沔陽縣農會）八年六月縣民李星洲等呈請組織縣西鄉農會，查核章程亦多不合，令行該縣轉飭修正，以便核轉。該縣南鄉農會已准備案，正會長舉定涂鈞一，副會長呂深源。

（宜城縣農會）八年七月該縣孔市鄉農會舉正會長余光裕、副會長顧迎喜，查核章程亦多不合，令再修正以便核轉。

（安陸縣農會）七年八月改選，會長李握符，發給圖記。

（南漳縣農會）八年六月第四屆改選李配武爲會長，解正修爲副會長。

（竹谿縣農會）民國八年農會長陸從乾辭職，副會長楊輔成補充正會長，候補當選何其傑補充副會長。

查各縣農會未據發起者尚多，即據報有案者十二縣亦未能完全合法，徐徐提倡，或三年有成耶。

（乙）農報

（湖北省農會農報）湖北當前清末季已有農報發行，民國肇興，有《農會總報》，旋改名曰《農林會報》，旋又易其名曰《省農會報》，嗣以會費支絀，中道停刊。民國九年一月始有《省農會農報》之月刊出現，每月一冊，售價二角，全年十二冊，售價二元。農會長宋康益爲監理，副會長湯丙南爲編輯主任，田作硯、楊德棻、余景德、胡會昌、文毅、熊濱爲編輯，方暄爲發行主任。吾國識字農夫甚少，報之效力當視普通教育程度爲消長也。

（丙）試驗場

（蠶業學生劉國祥之自薦）該生呈稱，月弓君出而蠶業東漸於日本，僧人盜種而蠶業更西播於波斯，由是而朝鮮，而印度、意大利、法蘭西、奥大利、西班牙諸國相繼輸入，讓列強壟斷。近擬組織公園於岳公祠，發揮天然之利益。自卒業蠶學返里後，栽桑五百株，即將栽桑、養蠶、製種、消毒、製絲一一實驗，獲利三百串，願執鞭於公園，乞予憑照等情。批令曰：該員既有蠶業知識，隨地得展所長，勿庸憑照也。

（程宗頤請設蠶業講習私塾）該員集資創辦蠶業講習所，熱心公益，誠堪嘉許，准予備案。校址在武昌巡道嶺，開辦費二千元，由創辦人擔任。經常費征收學費，不足之數由創辦人擔任。學科普通科係修身、國文、數學、英文、理化、體操，專門科係土壤學、肥料學、氣象科、栽桑法、養蠶法、蠶體生理學、蠶體病理學、繅絲法、蠶體解剖法、蠶病預防法、蠶業法規、農業大意。實習招生定額八十名，資格年三十以下十八歲以上高等畢業或乙種實業學校畢業者，每星期授課三十小時，每名學生每月征費一元。

（大冶縣克敏農場）大冶縣紳陳敬哲所辦農場著有成效，近因擴充場址試種美棉及各項植物，資本缺乏，商借該縣勸學所公積川粵漢鐵路股票洋項下錢二千串，即以該場不動產值五六千串作爲抵押品，年仍認息。奉省長令，照准備案，轉令該縣知事遵照辦理矣。

（崇陽燕桂芳租官洲種桑棉）該縣東郭外有官洲，邑紳燕桂芳等十人呈請租地八十畝，集資三千串，試種桑棉，名曰"民辦農桑場"，志在運植湖桑、美棉，爲邑人創，准予備案矣。

（應城韓子惠興辦農桑試驗場）該員呈稱，兄韓獻廷在先人遺地韓家壋創辦農桑試驗所，縣署出示保護。此次子惠所辦之試驗場即名曰"應城韓氏第二農桑試驗所"，援例請示保護。批令曰：應改稱爲應城韓氏第一、二農場，免與官立相混，改名後准予備案，出示保護。

（沔陽彭國台請恢復農場）該縣呈稱，前分學田爲農場，行之二年，軍務旁午，變成營房，請將農會農場等經費照舊撥給，繼續開辦等情。已令該縣知事斟酌妥籌，呈復核奪。

（均縣王宗祐請續辦農場）該員呈稱，均縣場改歸道辦，經費提解一半，請將所餘一半留縣場辦理等情。批令赴該縣署禀請核辦。

（竹谿縣楊輔成等請復農場）該縣知事呈稱，據縣屬農會長楊輔成等函請恢復農場，已將民國三年接辦試驗場地畝，六年租辦苗圃地畝，以及湖桑、川楝、槐角、梅、柳、椿、桃等樹，已種之棉，已熟之麥，已成之繭，所種之麻，並書籍農俱，逐一點交場員周文斗接收，餘錢三百餘串作爲購地造林之需，並擬籌經常經費辦法請核等情前來。已令該縣知事分別籌辦矣。

第十節　官立試驗農事棉茶各場

第一目　整頓變更各場暨章程

民國八年一月本廳呈復省長令發李仙培整頓各場辦法四則一案。文曰：查民國初元原係每縣各設一場，月支一百餘串，或二百串不等，嗣經呂前巡按使委員查明，均屬有名無實，虛糜欸項，未免可惜。於是改歸道辦，以資整理。所需費用亦較節省。且辦事首在得人，倘用人得當，辦理合法，不難逐漸改良，力臻完善。若以江漢道屬兩場成績未著，遽將各場撤廢，縣設一處，勢必仍蹈前轍，徒事紛擾，無裨實際，似非得策。況各縣認解經費，大縣定額六十串，中縣五十串，小縣四十串，規復縣場，儘欸支用，自屬不敷，另行增籌，實覺匪易。又責成縣知事勸導農桑一節，自屬急務。查關於農桑保護獎勵各法令以及《縣知事勸業考成條例》節經明令公布，應飭各縣知事切實奉行，以資振興。又請推廣棉茶蠶桑一節，查棉茶為鄂省出產大宗，祇因人民紐於習慣，不知改良，以致日就衰落，應設場試驗，藉資提倡。至蠶桑原非重要出產，應即歸併農事試驗場辦理，以節經費。現查各道所設之場，計江漢道二場，荊襄兩道各三場，每場俱以農林冠名。查農林兩項範圍甚廣，如穀類、蠶桑、蔬菜、果樹、花卉、育苗、造林、製材，以及棉茶、蔗糖等特殊作物皆屬焉。據委員查報，江漢道第一農林試驗場場址廣有百畝，外餘則二三十畝或五六十畝不等，以數十畝之地面試驗，若斯繁複之作物自難期其詳盡。農林原係兩科，一人萬難兼顧，用人加增，耗費較多。就試驗上、經費上言之，現在各場均須斟酌改組，期使職掌分明，事務簡單，庶足以收實效而資提倡。僅就各場現在情形酌擬改組辦法：江漢道第一農林試驗場設於漢陽縣城外，面積約計百畝。該場原重農事，成績雖未甚著，規模實以粗具，擬改為實業廳第一農事試驗場。江漢道第二農林試驗場設於嘉魚縣城外，面積約四十餘畝，育苗地十二畝，外餘均租出耕種。該處地勢平衍，荒山無多，苗秧擁擠，移植乏術。查蒲圻縣屬羊樓峒地方爲鄂省產茶最盛之區，曾設茶業講習所於此，以經費支絀停辦，擬將嘉魚之場撤廢，移設羊樓峒地方，專事茶業試驗，以資改良，並訂名爲實業廳茶業試驗場。襄陽道第一農林試驗場設於襄陽縣城內，面積約四十畝，農桑佔地三十餘畝，育苗地不過數畝。該場成績尚屬優良，擬改爲實業廳第二農事試驗場，並將育苗地劃歸道苗圃管理。襄陽道第二農林試驗場設於鍾祥縣城外之文昌書院，面積約三十餘畝，該地位襄河下游，爲產棉之區，且該場向重農事，改爲棉業尚屬相宜，擬即改爲實業廳第一棉業試驗場。至育苗地一部據稱，所育之苗已過移植三年，當飭施行間伐以造成森林，庶無偏廢之弊。襄陽第三農林試驗場設於鄖縣城內，面積約六十餘畝。據稱，該地甚宜育苗，附近復有荒山可供造林之用，擬即改爲實業廳第二林業試驗場。荊南道第一農林試驗場設於宜昌城外，面積約四十餘畝。該場原重林業，成績亦尚可觀，擬即改爲實業廳第一林業試驗場。荊南道第二農林試驗場設於江陵縣城外，場址准撥租營產八十畝，尚未撥足，地係廢屋，中多瓦石，成績未著，擬改爲實業廳第二棉業試驗場。荊南第三農林試驗場設於恩施縣城，道路梗塞，無從查悉，擬先改爲實業廳第三農事試驗場，以照劃一。至經費一項，鄂省共有六十九縣，計大縣四，中縣二十六，小縣三十九，每月應收經費共三千一百串。然每月實收至多不過八成，茲以八成計，月可收二千四百餘串，分配各場，每場月可得三百餘串，惟各場情形不同，應酌量損益而支配之。旋奉省長指令曰：呈悉。查委員李仙培前擬請將各道農林場撤銷改歸縣辦，對於原案及試驗宗旨均不符合，該廳長逐項議駁，另籌整頓之方，就三道屬原有各場酌量改組，請以江漢道第一農林場改爲實業廳第一農事試驗場，並將江漢道第二農林場撤去，移設羊樓峒，改爲實業廳茶業試驗場。襄陽道原有之三場則改爲實業廳第二農事及第一棉業、第二林業各試驗場。荊南道原有之三場改爲實業廳第一林業及第二棉業、第三農事各試驗場。或就區域劃分，或因出產關係，如農林之外推及棉茶兩宗，因地制宜，表示提倡，誠屬不可少之計劃。從前各場由道管理，故以各道定名，今既一律改歸該廳，則名稱當然改易，應准如議定案云。

農事試驗場暫行章程

第一條　農事試驗場隸屬於實業廳掌事務如左。
一　關於穀物選種及栽培法試驗事項。
二　關於蔬菜、果樹、花卉之栽培法試驗事項。
三　關於桑樹栽培法試驗事項。
四　關於飼蠶、製絲事項。
五　關於氣候、土壤、肥料之測驗事項。
六　關於病蟲害之防治事項。
七　關於種子、種苗之檢查及分配事項。
八　關於其他農事試驗事項。
第二條　農事試驗場職員如左。
一　場長。
二　技術員。
三　事務員。
前項職員除場長由廳委派外，餘得由場長請派。
第三條　場長承實業廳長之命綜理場務，監督所屬職員。
第四條　技術員承場長之命助理技術事務。
第五條　事務員承場長之命助理文牘、會計、庶務。
第六條　技術員、事務員額由實業廳長核定。
第七條　農事試驗附設農產標本陳列室。
第八條　農事試驗場每年應徵集新收穫之農產物，開農產品評會一次。

第九條　農事試驗場每年終應編製本年度試驗成績報告，及次年度試驗計劃，呈廳查核。

第十條　農事試驗場每月應將所辦事務詳細呈廳，以憑考核。

第十一條　農事試驗場每月初應將本月支付預算書，及上月支出計算書，呈廳查核。

第十二條　本章程呈奉省長核准施行。

棉業試驗場暫行章程

一　關於選種及傳布事項。

二　關於植棉試驗事項。

三　關於病蟲害之驅除及預防事項。

四　關於土壤氣候肥料之測驗事項。

五　關於其他棉業試驗事項。

第二條　棉業試驗置職員如左。

一　場長一員。

一　技術一員。

一　事務員一員。

前項職員除場長由廳派委外，餘得由場長請派。

第三條　場長承實業廳長之命綜理場務，監督所屬職員。

第四條　技術員承場長之命助理技術事務。

第五條　事務員承場長之命助理文牘、會計、庶務。

第六條　棉花試驗場附設棉業標本陳列室。

第七條　棉業試驗場每年應徵集新收穫之棉產物，開棉業品評會一次。

第八條　棉業試驗場每年終應編製本年度試驗成績報告，及次年度試驗計劃，呈廳查核。

第九條　棉業試驗場每月應將所辦事務詳細呈廳，以資考核。

第十條　棉業試驗場每月初應將本月支付預算書，及上月支出計算書，呈廳查核。

第十一條　本章程呈奉省長核准施行。

茶業試驗場暫行章程

第一條　茶業試驗場隸屬於實業廳掌事務如左。

一　關於培茶事項。

二　關於製茶事項。

三　關於茶種傳布事項。

四　關於其他茶業試驗事項。

第二條　茶業試驗場職員如左。

一　場長一員。

二　技術員一員。

三　事務員一員。

前項職員除場長由廳派委外，其餘得由場長請派。

第三條　場長承實業廳之命，綜理場務，監督所屬職員。

第四條　技術員承場長之命，助理技術事務。

第五條　事務員承場長之命，助理文牘、會計、庶務。

第六條　茶業試驗場得附設茶業標本陳列室。

第七條　茶業試驗場每年應徵集新製之茶品，開茶品評會一次。

第八條　茶業試驗場每年終應編製本年度試驗成績報告，及次年度試驗計劃，呈廳查核。

第九條　茶業試驗場每月須所將辦事務詳細呈廳，以資考核。

第十條　茶業試驗場每月應將本月支付預算書，及上月支出計算書，呈廳查核。

第十一條　本章程呈奉省長核准施行。

第二目　各場址暨支配人

場址場長

第一農場	漢陽黑山	場長王炳綱
第二農場	襄陽縣城	場長余賡颺
第三農場	恩施縣	場長范立鑄
第一棉場	江陵縣	場長張天樞
第二棉場	鍾祥縣	場長尹國琛
茶業試驗場	蒲圻縣羊樓峒	場長陳震

按右列各場俱係八年三月組織成立，距今一歲，各有成績可觀。文冗而類繁，當另列專編以公諸世。

第三目　隸屬省公署兩試驗場

（全省模範農林試驗場）場址在武勝門外寶積菴，共計四百餘畝，前清光緒甲辰年成立。宣統辛亥，場屋、器械、物品毀於兵燹。民國元年，由前湖北實業司撥欵重新開辦，分作物、園藝、畜牧三部，暫附南湖農場第一場。二年五月，以兩場相距太遠，不便管理，劃分該場為第一農場，南湖農場為第二農場。至民國三年五月，因經費不敷，將南湖第二農場歸併該場辦理。每年用欵均係就場開支，至四年九月，經段前巡按使核計，全場每年收入約法洋一萬元，令該場長節省贏餘三成解省署，協助實業行政經費。六七兩年收入不豐，應提解無欵。兼省長王派員考查，因成績殊少，於七年十一月改組，將南湖一部劃出，歸農桑試驗場，而以該場改為模範農林試驗場，免提贏餘，注重試驗改造。預算每年收入約銀洋三千元，支出適合。現委甲種農業學校校長宋康益辦理。

（全省農桑試驗場）該場地址在望山門外南湖，係前清勸業道建置，亦毀於辛亥之兵。民國元年，前實業司撥欵開辦，以寶積菴農場附之，分作物、園藝、畜牧三科。二年五月，兩場劃分，改爲第二農場。三年，因經費不足，附於寶積菴農場辦理。四年九月，令飭兩場酌解贏餘，旋因收入不足解款，至七年十一月經兼省長王改組，將場提出，併入農桑試驗場，以桑場在白沙洲，與該場相近，便於管理，改名爲農桑試驗場，均免提解贏餘，注意農桑。另造預算每年收入約銀元六千餘元，支出適合。現委前鹽桑試驗場長姚業駿辦理。

第十一節 結 論

書農事一章十節若干目爲一卷，初載湖北產物之量，繼載碩苗之術、除莠之方，殿以民集之社會，官立之場所，爲農事之矜式，文冗而雜焉。讀《亢倉子·農道篇》曰："夫耨必以早，使地肥而土緩。稼欲產於塵上而植於堅者，慎其物，勿使數，亦無使疏。於其施土，無使不足，亦無使有餘。畖欲深以端，畝欲沃以平。下得陰，上得陽，然後盛生。立苗有行，故速長，強弱不相害，故速大。正其行，通其中。疏爲冷風，則有收而多功。率稼望之有餘，就之則疏，是地之竊也。不除則蕪，除之則虛，是事之傷也。苗其弱也欲孤，其長也欲相與居，其熟也欲相扶。三以爲族，稼乃多穀。凡苗之患，不俱生而俱死，是以先生美米，後生者爲秕。是故其耨也，長其兄而去其弟。樹肥無使扶疏，樹墝不欲專生而獨居。肥而扶疏則多秕，墝而獨居則多死。不知耨者去其兄而養其弟，不收其粟而收其秕。上下不安，則稼多死。得時之禾，長稠而大穗，圜粟而薄糠，米粘而香，舂而易，而食之強。失時之禾，深芒而小莖，穗銳多秕而青蘦。得時之黍，穗不芒以長，摶米而寡糠。失時之黍，大本華莖，葉膏短穗。得時之稻，莖葆長桐，穗如馬尾。失時之稻，纖莖而不滋，厚糠而災死。得時之麻，疏節而色陽，堅枲而小本。失時之麻，蕃柯短莖，岸節而葉蟲。得時之菽，長莖而短足，其二七以爲族。多枝數節，競葉繁實，稱之重，食之息。失時之菽，以長而蔓，浮葉虛本，疏節而小莢。得時之麥，長而桐頸簇，二七以爲行，薄翼而獰色，食之使人肥而有力。失時之麥，胕腫多病，弱苗而翠穗。是故得時之稼豐，失時之稼約。"《亢倉子》語約而詳，得農科精要也。吾國農書汗牛充棟矣，不勝其采，節錄《農道》一篇，語顯義深，足證吾國農學甚古。以吾農産緒餘以資世界之求，吾國能優越於世界者，農産物爲最多也。編者故不惜詞費，遠引而述其旨（編者識）。

第二章 森 林

第一節 全省森林統計

第一目 森林所有別

所有別	場數	畝數
國　有	12	75 畝
公　有	2 229	1 073 079
私　有	766 463	2 628 606
計	768 704	3 701 760

各縣聲明多以有樹散植山坡，不成森林，並難以場計、畝計者。

第二目 保安林

類別	國有		公有		私有		計	
	場數	面積	場數	面積	場數	面積	場數	面積
預防水患者	5	4 310 畝	169	13 411 畝	466	6 641 畝	640	24 362 畝
涵養水源者			22	342	587	9 744	609	10 086
公眾衛生者			102	257	120	275	222	532
航行目的者	15	1						
便利漁業者	5	3 720	10	20	1 127	1 948	1 142	5 688
防蔽風砂者			2	6	169	10 294	171	10 300
計	25	8 031	305	14 036	2 469	28 902	2 799	50 969

第三目　森林栽植

類別	國有 面積	國有 數量	國有 經費	公有 面積	公有 數量	公有 經費	私有 面積	私有 數量	私有 經費	計 面積	計 數量	計 經費
松	5 畝	72 株	5 元	24 149	766 204	3 162	210 638	1 641 681	4 994 421	244 792	17 176 957	4 997 588
杉	900			26 845	19 981	1 080	48 356	871 548	146 299	76 101	891 529	149 379
柏	10 003	48	2	26 771	69 009	472	22 044	884 705	36 634	58 818	953 762	37 109
桐	500			14 344	224 433	1 420	24 167	1 975 342	34 267	39 011	2 199 775	35 687
檜	53	100	20	10	1 050	3	14	2 050	15	77	3 200	47
檀	10			2	63	18	1 070	22 358	2 116	1 082	22 421	2 134
楠	10			1	23	6	284	4 030	699	295	4 053	705
椐							14 127	71 341		14 127	71 341	
樟	110			601	6 286	64	22 503	516 692	53 145	25 414	522 978	53 209

續表

類別	國有			公有			私有			計		
	面積	數量	經費	面積	數量	經費	面積	數量	經費	面積	數量	經費
槐	102	7	2	302	54 660	319	4 252	175 431	82 116	4 656	230 098	82 437
榆				101	17 310	454	2 777	108 524	3 842	2 878	125 834	4 296
栗				399	310 089	745	17 560	500 265	9 884	21 551	810 354	10 629
樅				5	600	13	1 584	7 769	406	1 589	8 369	419
楸							72	9 372	140	72	9 372	140
榨				503	250 856	102	201	5 949	658	704	256 805	760
楓				3 001	35 822	696	12 984	211 822	3 191	15 985	247 644	3 887
椿				15	1 314	52	2 847	88 398	9 505	2 862	89 712	9 557
櫟				2 643	7 991	101	9 377	552 374	3 759	12 020	560 365	3 860

續表

類別	國有			公有			私有			計		
	面積	數量	經費	面積	數量	經費	面積	數量	經費	面積	數量	經費
楊	3	46	2	7 127	982 839	1 432	6 315	1 566 075	12 573	13 445	2 548 960	5 007
柳	2	26	2	5 381	806 247	1 215	10 542	933 662	13 065	15 925	1 729 935	14 282
竹				5 122	3 591 427	26 906	237 496	2 660 572	141 672	288 719	3 251 999	168 578
桑							34	7 940	274	34	7 940	274
柏				1	450	5	1 289	28 498	570	1 290	28 948	575
橡				1	10	5				1	10	5
胡桃							8	492	7	8	492	7
雜樹				3	5 047	146	6 513	2 241 068	838	6 516	2 246 115	984
計	11 698	299	33	179 320	4 151 711	38 426	657 054	29 856 958	5 541 096	847 972	34 008 968	5 579 555

有農暇栽植，無經費可言，無欲數可記者，亦有天然成林不假人工而無經費者，各縣所報其他欄內樹名太繁，併入雜樹之內。

第四目　森林采伐

類別	價額		
	用材	薪炭材	計
松	1 050 366 元	2 218 884 元	3 269 250 元
杉	386 691	8 164	394 855
柏	209 199	34 778	243 977
桐	70 902	2 297	73 199
檜	1 455		1 455
檀	18 079	34 800	72 879
楠	14 074	314	14 388
椐	1 908	336	2 244
樟	58 011	588	58 599
槐	119 589	4 620	124 209
榆	34 332	15 486	49 818
栗	123 875	1 214 129	1 342 504
樅	33 314	332 954	366 268

續表

類別	價額		
	用材	薪炭材	計
楸	58 789	252	59 041
榕	2 469	2 655	5 124
楓	20 624	40 117	60 741
椿	46 495	626	47 121
櫟	21 643	82 353	103 996
楊	310 824	284 468	595 292
柳	590 013	338 157	928 170
竹	1 187 996	4 600	1 192 596
核桃	512		512
柏		594	594
雜木	9 734	24 528	34 262
計	4 375 394	4 665 700	9 041 094

據各縣報樹名繁多，不及備載，統納入雜木書之。

第二節　民辦之林業

（武昌縣）太平里地方民人傅野溪種植桑樹一千株，桐樹六千株，洋槐三千株，請示保護，已令武昌縣遵照矣。又縣屬長海寺地方民人公舉劉宗炎爲林業公會會長，擬具章程，呈請備案。

（陽新縣）邑民徐宗裕、徐霖等呈請祖遺父子山一座，南座豐樂里，西界高機山，東界子卜壢，北四畝五分，塹界由下至上高一千四百四十丈，東西一千八百九十丈，共計面積四萬五千三百六十畝，集資一千二百串，購種造成林場，准予備案矣。又盛皇池等居縣北大山灣，山多林厚，請組織林業公會以資自衛，公舉盛皇池爲會長，並繪圖附案。

（崇陽縣）縣屬蕭坊堡第一牌設立林業公會，舉定會長劉登梯，該處楠、竹、松、柏、杉等樹有八萬二千餘株，面積有三百二十畝。

（蒲圻縣）邑民梅南初捐資三百六十串文創辦該縣模範林業，誠屬熱心公益，已指令嘉獎矣。

（孝感縣）農商部簽事、京漢鐵路造林場場長韓安呈請領縣屬陸家山官荒造林。其造林計劃書文曰：查湖北孝感縣屬陸家山車站兩邊之河灘官荒，長約八里，寬約二里，其地上層多砂石，下層多水濕而又近接河道，時患洪水冲激，造林用樹似宜擇性喜下濕而又生長迅速者如白楊，如柜柳，如烏桕皆堪其選。擬即擇用是等樹種於承領地，內設圃育苗，廣行栽培，大概六七年後即能成林。謹將造林辦法略陳如左。

測地

查擬領荒地東西距二里，南北距八里，面積廣約十六方里，其間除去道路、房舍所占地面約十分之一，其餘十四餘方里，界線四周擬挖溝植樹以爲界誌。

擇種

河岸種樹有兩要件：其一，須樹之蒸發力大，蓋河岸地富含水分，若樹之蒸發力小，輒有根腐之虞，枝幹必形萎縮。其二，須樹之生長率速，蓋河岸常被洪水冲激，若樹之生長遲緩，幾遭水淹，必漸枯萎不復上長矣。而樹之具此二有要件者，莫若白楊、柜柳、烏桕，故於承領荒地擬植此類樹木。

造林期

造林地面積約七千七百餘畝，設植樹距離縱橫各四尺，每畝可植樹三百七十五株，總計可植樹二百九十萬株。合造林與補植兩項平均每年約植樹五十萬株，七年間約能將全面積樹立森林，故定造林期為七年。預算造林經費亦以七年為限，每年應造林及補植株數約分配如下。

第一年植樹七十萬株。

第二年植樹六十萬株。

第三年植樹五十萬株。

第四年植樹四十五萬株。

第五年植樹四十萬株。

第六年植樹三十五萬株。

第七年植樹三十萬株。

計共植三百三十萬株。

所以逐年減少者，亦擬提前辦理以期早日收效故也。第八年造林事業告終，雖有管理、間伐各項支出，然三四年後，白楊、柜柳即可施行間伐以充薪材，七八年後，烏桕子實可采榨油以供燃料，連年收入不鮮，以之相償，自無不足。

開辦費

建築費約八百元，農具、家具約三百元，雜費約一百元，共約一千二百元。

造林經費

造林經費總計以七年預算，每年支出項目列表如下。

費　目	金　額	註　釋
造林費	約 600 元	
種子苗木費	約 240 元	
技士薪金	約 480 元	技士總理場務
助手薪金	約 180 元	助手助理場務
夫役工資	約 144 元	
管理費	約 20 元	
雜費	約 136 元	
計	約 1 800 元	

　　造林期内共支約洋一萬二千六百元，加入開辦費一千二百元，共需洋一萬三千八百元。

　　　　按韓安係林科專門學士，觀其計劃精密，足資造林者借鑑焉，故錄之（編者識）。

　　（均縣）邑民徐行、賈仁本等呈請租賃公產，倡辦林業，已令繪圖貼説，以憑核辦。
　　（大冶縣）邑民盧宗鼎呈稱，伊祖遺一林場，面積三千畝以上，造林三萬餘株，創辦在前清咸同之間，補種於光宣之際，其間松、楓、槐、栗、桐、杉、毛竹之屬咸備，大材高三四丈、圍數尺者，俱在萬餘株以上，請求保護在案。

第三節　官辦之林政

第一目　林業公會法

農商部呈准公布《林業公會組織辦法》，文曰：

《林業公會規則》本部業於本年二月間呈准公布通行遵辦。現在呈請設立此項公會者雖漸增多，而創辦伊始每不知組織程序，故所具呈請書率未填載妥協。依該規則第一條之規定，設立主旨分保護現有森林、恢復荒廢林野及育苗造林三種，並可合併爲之。但數種情形固有不同，辦法自當各異。茲爲人民周知起見，將各種辦法分別訂明，嗣後呈請設立林業公會務遵左列各欵辦理。

（甲）爲保護現有森林而組織者

此項組織須先將私有或公有森林之界限、面積及樹種，並所受危害情形繪圖具說詳晰呈報，並依規則第六條之規定具書呈請。呈請書之填法如左。

第一項　標明以保護現有森林爲目的，並註保護事業之計劃，及因保護冀獲之利益。至其利益在保安上或在生產上，均須分別詳註。

第二項　載明森林坐落之處所四至、面積及樹種。

第三項　填明本公會係由某村設立或某某村聯合設立，定名爲某村或某某村林業公會。

第四項　填明會長及會員之姓名、住址及其職業。

第五項　填明本公會會所設立何處。

第六項　填明公同議決經費分擔之規約，分別紀載甲出若干，乙出若干，共計若干，將來如何收支，如何經管等事。至收益支配，則目的既在保護，收益當歸無形，或各歸原主，無可分配，不必紀載。

第七項　詳記公司議決彼此共守之保護方法，或輪派各會員，或公雇看護夫役，或用法限制，與森林附近人民以樵采等利益均令擔任保護之責均可，須記入所訂規約。

(乙) 爲恢復荒廢林野而組織者

此項組織須先勘定林野界限面積，並將荒廢情形、樹木有無及樹種株數繪圖具説詳晰呈報。如係官有，則依《森林法》第十二條擬具承領書，先行呈請無償給與。若屬私有，亦須分別勘定，繪圖說明，再依規則第六條之規定具書呈請。呈請書之填法如左。

第一項　標明以恢復荒廢林野爲目的，並記恢復事業之計劃，說明將全面積同時恢復，或劃分段落，預定年限，某年恢復，某段次第進行，至某年完畢。如其林野尚有樹木散生，則記明恢復之法，係用天然下種，或用人工植樹，或兩法並用。若其林野已無樹木，則記明恢復之法，係用何樹種，如何采購，如何育苗，如何造林，計若干年可以畢事。至所用經費亦應開列預算，附註於此。

第二項　載明林野坐落之處所四至、面積及其土質。

第三項　照甲之填法列入。

第四項　照甲之填法列入。

第五項　照甲之填法列入。

第六項　關於經費分擔，依甲之辦法記入。

如林業純係私有，則就各所有之多寡、肥瘠議定地價，改作所有者一次所報經費，或訂明地租改作所有者逐年所擔經費，填此項下。若係官有與私有合辦，則官有者須先依法承領，私有者各將租價議定分別填記。至收益分配即各以所擔經費之多寡，投入之遲早，訂明利息，預定將來分配之計法，分別記入者。有出勞力以待投資者則填明工資之計法。

第七項　照甲之辦法，將公同議定共守之規約詳晰填註。

(丙) 欲育苗造林而組織者

此項組織須先覓定育苗造林之地段，勘清界址及其面積。如係官有，亦須遵照《森林法》擬具承領書，繪具圖説，先行承領。若屬私有山野附入，亦須勘界繪圖，分別説明，再依規則第六條之規定具書呈請。呈請之書填法如左。

第一項　標明以育苗造林爲目的，並記育苗造林之計劃，説明用何樹種苗木，如何養育林地，如何區劃，預計每年出品若干，造林幾何，至何時期造林完竣，經幾何年從事伐木。若造林之目的，不在木材而在保安者，亦應詳晰聲叙。又所用經費可依乙法附註。

第二項　載明苗圃及林地之處所四至、面積及其土質。

第三項　照甲之填法列入。

第四項　照甲之填法列入。

第五項　照甲之填法列入。

第六項　關於經費分擔須參照甲乙兩法訂約填列，至收益分配可照乙法訂約記載。

第七項　照甲之辦法將公同議决彼此共守之規約分別填記。

(丁) 有甲乙或甲丙、乙丙兩種目的及兼有甲乙丙三種目的而組織者

此項組織須各依組織之目的，參照上列各種辦法分別呈請，呈請書之填法亦照上列各法參互填明。

總之，林業公會與其他集會不同，具有實行經營之性質，故組織伊始，宜就營林之地址、面積、土質及各會員所擔之經費，先定經營之計劃，並訂明分利之規約，再依法定程序具書呈請，方可立案。若僅用提倡保護勸導等形式上之組織，無事實上之計劃，礙難照准。

第二目　省會提議廣種樹木案

省議會議員馮兆南提議勸告各縣廣種樹木一案，經實業股員會審查，意見書如左。

（一）各道區已設試驗場者，應責成該場於每年秋冬之際調查荒地、荒山，辨別土質，説明應需樹種，提出於該管道縣。屆植樹節，則由道尹就各場報告，擇定一二處指令該場造林。此項造林面積每年以三十畝至五十畝爲範圍，所需經費由道尹就地方公欸籌撥，並於植樹日親詣勸種，以獎藉之。

（二）各縣無試驗者，由縣知事責令各鄉團總或保董於每年秋冬之際查報荒地、荒山，並由附近鄉農説明該處土質，應需樹種，彙報縣署。屆植樹節，則由縣知事擇定地點，親詣督率，其造林面積每年以十畝至三十畝爲範圍，所需經費均由縣酌量籌撥，不得苛派地方。

（三）城鎮鄉大道左右如有隙地可植樹木，應責成各縣鄉警察隨時調查報告。屆植樹節，由該警官督同植樹，以壯觀瞻而便行人。

（四）人民有獨力或集資種樹在一百畝以上確有成績者，應由地方行政長官查照《造林獎勵條例》從優給獎。

（五）對於森林有放火、偷盜、損壞諸行爲者，應由道縣警察按照《森林法》第五章所列條欸，從嚴處罰。

以上議決五條已通令六十九縣遵照在案。

第三目　各縣之林業行政

（漢川縣）據報縣屬外江内湖水多山少，正擇地蓄林詳加調查矣。

（麻城縣）據報邑小東門外舊試驗場已種桑樹，一面調查他地闊充，一面勸告人民自種。金躍龍在金蕉河樹桑二千株，毛聲遠在甘家河種桑六百株，南鄉朱姓在朱家套種桑二千，林閣河白泉居民種植桃杏，獲利甚厚。

（棗陽縣）據報通令紳耆推廣林業，正在切實辦理。

（竹山縣）據報山地廣袤，氣候溫和，植林適宜，民智野儜，林業不修，正積極勸導。

（鄖縣）據報正在調查進行。

（保康縣）據報以私鹽充公之欵，倡辦林業試驗場一處，周圍二十餘里。原有松林佔地十分之二，其餘擬一半種桑以便養蠶，一半種桐以備取油。場室六間，炊室一間，圍以垣牆，繪圖貼說，暨開場演說《林場善後辦法》，紳耆答詞詩文之類，對於林政頗具苦心，已由廳指令嘉獎矣。縣知事係蔣琛。

（蒲圻縣）據報設立第一、第二兩苗圃，產梓梧槐各苗八百八十株，桑苗二萬〇六百五十株。又設第一模範林場、第二模範林場，總計植樹數目共三萬九千七百三十株。

（監利縣）據報縣屬舊有農林場軍隊駐紮，久已荒廢，已委紳蔡鴻燾籌備修理，籌欵購種，恢復原狀。

（長陽縣）據報購覓側柏、烏柏、杉梧、漆、茶各苗督工種植，並建築林業試驗場，房屋場址計五十一畝八分，距西關外半里，係舊時校場舊址。

（鍾祥縣）據報縣屬豐隆區圓和團林業公會呈請備案，核與呈請章程不合，已令詳加填註，再行核辦。

又報五龍團林業公會呈請備案，核圖說太略，亦令詳細補呈，再行核辦。

（圻水縣）據報郭壽廷請組林會章程背謬，令更正妥擬章程再核。

（南漳縣）據報東安市林業公會呈請書，核與規則相合，已轉呈部備案。

（崇陽縣）據報鹿門堡林業公會核與規則不合，已令妥擬章程，再行核辦。

（應山縣）據報縣屬北鄉林業公會程序不合，應依照規則呈復核辦。

又報縣民張光烈聚族而居，力農自食，前清宣統三年倡議邀集族人張家業等十六人，公募資本銀元四百八十元，在本族公有之地栽植松林，歷年經營，迄今時逾七載，共長成八十餘萬株。滿山蒼翠，轉瞬可收實效。創辦之初，森林法規尚未頒布，因沿習慣稱爲張姓松林會，規模粗具。時虞不能垂諸久遠，茲於十月十二日開會改組，另舉職員具呈請書並附簡章，查核章程尚屬相符，已呈部備案。

第四目　樹種徵發

農商部令以現屆春融種植在即，發給各項樹種以資播種。本廳發給各場樹種分配如表。

數量＼場別＼樹名	武昌模範林場	襄陽第一林場	襄陽第二林場
槭樹	4升	3升	3升
馬尾松	8合	6合	6合
胡桃	4升	3升	3升
楝樹	7升	4升	4升
檜樹	4升	3升	3升
三角楓	8合	6合	6合
臭椿	1斗2升	9升	9升
栗樹	4升	3升	3升
側柏	1斗2升	9升	9升
榆樹	4升	3升	3升
橡樹	7升	4升	4升

農商部令徵選樹種賚部以備分給，當轉令各縣各場遵照。

湖北全省模範林事試驗場呈賚樹種清單

杉	五升
扁柏	五升
油桐	五升
烏桕	五升
油茶	五升
冬青	五升
梛榆	五升
棕櫚	五升

巴東黃安黃陂三縣襄陽第三農林試驗場呈賚樹種清單

油　桐	一袋
烏　桕	一袋
橡　實	一袋
松　子	一包
柏　子	一包
花梨子	一包
大葉柳	一包
苦　楝	一包
杉　樹	一包
棕　樹	一包

各省種子交換，京兆林場寄來有夜合槐、千松兩種。浙江嚴州石氏林場出售種子，有價目一表，照錄以資提倡。

種　名	別　名	價　格		
		每升	每斗	每石
檫　樹	梓木樹	1元	7元	50元
梓　樹		5角		
麻　栗	櫟	1角	7角	5元
白　栗		1角	7角	5元
櫧	苦　櫧	2角	1元5角	10元
杉	刺　杉	5角	3元5角	25元
柳　杉	孔雀杉	5角	3元5角	25元
瓔珞柏	垂　柏	1元	7元	
茶		2角	1元5角	10元
油　茶		2角	1元5角	10元
油　桐		1角	7角	6元
樟		3角	2元	15元
欒　樹		1元		
黃　檀		5角	3元5角	
無患子		6角	4元	
杜　仲				
厚　朴				
椶　櫚		5分	4角	

該場訂購單，若係國立省立機關，當時付價與否聽便，但須蓋有機關圖章。

第五目　振興天然林辦法

湖北省振興天然林一案，本廳擬就暫行章程呈奉農商部、省長核准並令襄陽、宜昌兩縣先行試辦。核兩縣擬定封禁天然林調查監視細則十四條，試辦有效，已通令各縣遵辦矣。

湖北省振興荒山天然林暫行章程

第一條　本章程保護湖北境內荒山、天然生產之樹木，以振興林業爲主旨。

第二條　本年由襄陽、宜昌兩縣按本章程所規定辦法先行試辦，俟來年如有成效，即通令各縣遵照辦理。

第三條　按縣境內官有、私有各荒山多寡，由縣知事派員劃分林區，每區至大不得逾十方里，至小不得下五方里。各縣並於劃區完竣後，須將各區面積、坐落造冊，實業廳備案。

第四條　縣境內荒山劃區後，即將全區面積五分之一封禁，不准人民入山樵采、放牧。俟經五年後再封禁其餘四分之一，十年後封禁其餘三分之一，十五年後封禁其餘二分之一，二十年後其餘全數封禁。

第五條　按照本章程第四條，各區封禁各段荒山期限均以五年爲限，每屆限滿，人民仍可入山樵牧，但不得傷損樹株。

第六條　各區設監視員一人，由縣知事派充，呈報實業廳長備案。

第七條　各區監視員專視監在封禁期內及封禁限滿各荒山，遇有盜伐樹株，或在封禁期內入山樵牧者，准呈經該管縣知事查明懲辦。

第八條　縣知事按照本章程第七條所規定對於人民違法有所處斷時，得依《森林法》罰則辦理。

第九條　各區監視員薪水由該管縣知事酌定，呈實業廳長備案。

是宗歎項即從封禁期內各荒山所產雜草等項，俟經該管縣知事派員監視刈獲後，變價售出給予，不足時由該管縣知事酌量籌撥。

第十條　按照本章程所培養之天然林，無論公有私有，至間伐采時期均須呈經實業廳長允許後，方准辦理。

第十一條　各區封禁限滿各段荒山所生林木，經間伐後，數目須由該管縣知事查明造冊，呈報實業廳長備案。

第十二條　各區各段荒山封禁限滿後，森林產物其原屬私有荒山查明確有山地契約者，即歸地主所有，原屬官有荒山即將是項產物變價存儲該管縣署內，以備該縣興辦各項實業經費，並呈報實業廳長備案。

第十三條　各縣境內經劃區後，其各區未至封禁期各段荒山均須由該管縣知事督飭該區內監視員禁人入山挖取舊時樹木根株，並於天然生樹稀少地方，春期撒播適宜樹種。

第十四條　各縣縣知事須將面積、株數、某區、某段、封禁後年限列於交代卷內，由後任知事負責。

第十五條　縣知事辦理是項天然林卓見成效，或不力者經實業廳查明後即呈報　省長按照《知事勸業條例》分別勸懲。

第十六條　本章程自公布日施行。

第六目　實業廳第一林事試驗場

第一林事試驗場場址在宜昌縣屬。據場長莊嚴報告改組林業試驗計劃書，文曰："屬場地勢上連川峽，下接荊襄，山多土少，人人知之。開辦之始，一切布置雖分農林兩部，實偏重林業一端。今改辦林業，除農部植定之湖桑及果木所佔地址不計外，僅就原有地址劃分四區。第一區係前租勸學所之下院園地二段，面積共十畝有餘，擬盡改為苗林，作播種各項林種計。第二區係前租西壩之公田二十七畝有奇，亦擬盡改苗床，替苗木計。第三區係前選墾鎮境山廟後荒地二十餘畝。第四區係前撥劃湖嶺荒地百有餘畝。民國五年曾栽植各項樹苗，因去歲住紮軍隊蹂躪不堪，茲已將西壩所育之三年級苗木補植於該兩區，而下垸所育之二年級苗木悉床替於西壩。至下垸隙地，分段工作，重加整理，辨其土宜，以播種類。總期地無曠土而後已。預算經費前定月支一百六十六元六角六分七厘，改組定爲每月二百元，場長審時度勢，量入爲出云。

第七目　實業廳第二林事試驗場

第二林事試驗場場址在鄖陽屬，據場長黄應梓報告八年度試驗之成績，截錄以備參考。

第一　區劃

第一區　事務所周圍

本區依事務所之定向分爲左、右、前、後四段，左方設置苗床爲播種之試驗。右方半爲桑園，半爲果園，除桑園暫行仍舊，但於四月內除草一次，六月內中耕一次，七月內除草一次、十月內剪葉一次、培壅一次外，果園則於三月內移於事務所。前方爲風致林，即以其地移栽扁柏、白楊爲移替之試驗。後方爲一極傾斜之山坡，本擬暇時擴圍牆於山頂，籌斜面爲梯段，爲播種造林之試驗，以軍隊長期駐紮致未能着手，惟有以待來年耳。

第二區　東城外教場

本區計地二十畝，平分二段，以一段設置苗床爲播種之試驗，以一段留供來年之移替。

第三區　府學宫周圍

本區計地四十八畝零強半，爲播種造林之試驗。惜乎學宫駐紮軍隊，場地幾半成操場，迭經交涉，始得縮小範圍而隨時補植，林象尚不可見。

第二　育苗試驗

(甲)播種針葉三類

一、**針葉杉**　屬松科，爲林業中最重要之樹，材質稍柔，用途極廣，如供建築、橋梁、船艦、電桿及各種器具之用。

（種　法）　散播覆土爲一分與三分之比例。

（管理法）　種後覆以細土、稻草，每澆灌二次。發芽後每日澆灌一次，夏日施用日除，中耕三次，除草三次。冬日根部培壅廐肥並用霜除以防凍害。

二、扁柏　屬松科，爲常綠喬木，材質美麗，可供建築、橋梁、船艦及器具之用。

（種　法）　條播。

（管理法）　播種後覆以稻草，每日澆灌一次。發芽後每日灌溉一次，苗長一寸餘，間引一次去其弱小者，留其強大者，使株間之距離爲一寸。夏日施用日除，冬日施用霜除，中耕三次，除草三次。

（試驗結果）　鄖陽種九百六十株、武昌種九百八十株、鍾祥種一千〇五十株，生活結果以武昌、鄖陽兩種爲佳，鍾祥僅存一半，多呈黃色而枯死。

三、棕櫚　屬常綠樹，材可用作杖、扇骨及各種器具，棕毛可爲繩索、簑衣、毛刷，葉能製夏帽。

（種　法）　點播，株間距離二寸。

（管理法）　播種後覆土一寸，每日灌溉一次。發芽後施用稀薄肥液一次，中耕三次，除草三次。

（試驗結果）　知種粒大而堅硬者，宜以多浸爲妙。

（乙）播種闊葉十二類

一、桉　桉爲世界三大偉木之一種，質有除瘧解溫之效，材供船艦、棟梁之選，葉能充作藥品，並可提取汁油。

（試驗目的）　試驗本場氣候、土質適宜與否。

（整　地）　用木箱二個，取富有腐植質壤土，粉碎極細，填於箱底。上面混合砂質壤土，用篩篩之精細以備播。

（種　法）　散播二百粒，因種料甚小，混合木灰以期播種均勻。

（管理法）　播種後覆以草薼，每日澆灌二次。發芽後除草薼，每

	日澆灌一次，夏期設日除及蔽風柵以保護之，冬期施廐肥移煖避寒、防凍、中耕三次，除草三次。
（試驗結果）	桉係西洋種，性喜濕忌寒。鄖邑氣溫而高燥，故春秋所播發育不佳，擬明春移替以覘其究竟。
二、刺槐	屬豆科，爲落葉喬木，材質堅硬，可供鐵道枕木及船艦器具之用。
（試驗目的）	浸種與不浸種比較試驗。
（管理法）	播種後，畦間覆以稻草，每日澆灌一次，發芽後，除草三次，灌溉三次，中耕三次。
（試驗結果）	浸種與不浸種無大差異，惟不澆種者發芽較遲耳。
三、苦楝	爲落葉喬木，木材可充家具裝飾等用，葉可煎汁驅蟲，根皮及實可供藥料。
（試驗結果）	楝爲最生長之樹，惟不去果肉者，發芽較遲，於此足徵富有果肉之大粒種，宜先洗去果肉以促其發芽之齊一也。
四、香椿	屬楝樹科，爲落葉喬木，材供船艦及裝飾品之用，萌葉可供蔬品。
（試驗結果）	以鄖陽種爲最宜，鍾祥次之，襄陽最下，蓋因本場土質粘重不似襄陽砂土之鬆軟，及土質之不宜，非種子之不良也。
五、榆	爲落葉喬木，材供建築、車輛、家具等用，皮可磨粉製香。
（試驗結果）	播種早者發育最良，遲者發育較遜，時哉不可失也。
六、榔榆	爲落葉喬木，材供車輛、家具、機器等用。
（試驗結果）	覆土淺者較覆土深者爲優，足徵小種粒，不宜覆土過深致防害發芽及生長力也。
七、梓	屬紫葳科，爲落葉喬木，可供機椅、箱匣及各種什器之用，亦可爲雕刻之用。

（試驗結果）　發芽以武昌種爲佳，生長以鍾祥種爲美，是二種者爲育苗家所擇取者也。

八、樗　　　材質軟脆，適於製紙，亦可飼天蠶。

（試驗結果）　樗最易生成，惜活特少，蓋因種樗苗床結連傾坡，幼苗爲夏雨坡水淤塡，地不宜，非種不美也。

九、皂莢　　屬豆科，爲多枝喬木，材質堅硬，可爲車輛、家具及薪炭，可代肥皂，可爲染料。

（試驗目的）　溫水浸與冷水浸比較試驗。

（試驗結果）　溫浸冷浸皆萌芽稀少。入夏掘土觀之，粒多蟲蝕，推究其故，種子未十分成熟，發芽力緩，且表不堅硬，不能抵抗外界之防害，故育苗家對於采取種子不可不注意也。

十、桐　　　爲生長最速之樹，木材輕軟，用造琴瑟、箱櫃及各器具最宜。

（試驗結果）　同日播下之種，未浸之種發芽則遲旬日，浸種之利益甚大。

十一、鹽膚木　屬漆科，材無大用，而葉上所生之五倍子爲一種細蟲結造之窠，可供染料及鞣皮之用，近年工業發達，需用甚多，故試驗之。

（試驗結果）　不浸種者全無成活，惟接種者每床平均活者百株。

第三　移替分栽

本年移替之苗或爲本場原育之苗，或爲本年購入之秧，亦分針葉、闊葉兩類列舉之。

（甲）針葉類　計松科二種，公孫種一種。

一、扁柏　　剪根與不剪根比較試驗。

（試驗結果）　剪根移植三兩月後，生長速度較原根移植爲優，因截去主根即能促旁根之發展，迨其旁根充分發達則敷布地內之面積既廣，吸收土中之養分自多，故其莖葉即

二、刺柏	剪根與不剪根比較試驗。
（試驗結果）	刺柏購自山腹、濕潤之地，移植本場苗圃，日光照射，雖勤加灌溉，枯死日多，其發育狀況仍以剪根爲優也。
三、銀杏	屬公孫樹科，材質細密，可作器具，結子滋補，可供食用。
（試驗結果）	剪去直根者，枝幹發育十分暢茂，可知剪去直根有促新根生發迅速之利益也。
（乙）闊葉類	計楊柳科一種，木樨科一種。
一、白楊	屬楊柳科，爲生長最速之樹，木質柔軟，可供製紙之原料，又可爲茶箱及各種器具。
（試驗結果）	因采來之苗已寸餘，故存活一半，失時之害也。
一、女貞子	屬木樨科，爲常綠樹，供薪炭，生有一種蟲曰"白蠟"。工業需用甚廣。
（分栽法）	采取大樹旁生幼苗及自然叢生幼苗排植於苗床，使株間距離一尺，覆土鎮壓，以充分陽光及養分，俾能獨立發育。
（試驗結果）	本場采取女貞幼苗均係城內所生，土質氣候均極適宜，移栽後，入秋生長，發達異常，枝葉十分繁茂。

第四　植樹造林

一、刺槐	爲德國輸入之種，生長速度、生活力量均極強盛。此次所植爲一年生之苗，其高度已達四尺以上，故不經床替，徑行山除。
（整　地）	將地耕熟，每隔五尺開一平方一尺穴之以備定植。
（植　法）	截去主根四分之一，仕立穴中，填以細土，將苗略向上提，使根之曲者直伸，然後加以鎮壓，使土密接苗根，易供養分，兼防風搖，再灌溉以適量之水以保持其生機，俾得漸次發育。

| （植　期） | 四月二日。 |
| （成活數） | 二百〇四株。 |

二、苦楝　　生長速度、生活力量亞於刺槐，甲於他樹，亦係一年生苗，未經床替者整地、植法同上。

| （成活數） | 九百九十七株。 |

三、烏桕　　屬大戟科，爲生長迅速之樹，材供器具、薪炭之用，種子可以榨油，可以爲製燭及肥皂之原料。

（造林積方）	計地二十畝。
（種　法）	點播，每穴距二尺，每穴播種五粒。
（管理法）	覆土約八分，天氣乾燥灌漑一次，發芽後苗長二三寸，間引一次，每穴留强苗二株，中耕二次，除草三次，冬施堆肥一次，每穴約四兩。
（成活數）	二萬四千株。

四、油桐　　屬大戟科，木材輕軟，可作箱匣、器具之用，種實可榨桐油，用途極廣，勤加培壅，三年即可結實。

| （造林面積） | 計地六畝。 |
| （成活數） | 一千五百株。 |

第三章 漁　　牧

第一節　全省漁牧統計

第一目　漁獲物表

類別		數　量	價　格
魚類	鯉　魚	24 108 453 斤	2 747 148 元
	鯽　魚	10 706 241	1 100 596
	青　魚	12 812 957	1 233 892
	白　魚	7 550 192	795 176
	鱖　魚	1 812 912	183 961
	鱔　魚	2 701 794	296 684
	鰻　魚	19 285	1 859
	銀　魚	222 911	73 672
	鰌　魚	18 910	6 645
	鱸　魚	24 759	2 589

续表

类别		数量	价格
鱼类	鲢鱼	3 119 481	267 362
	乌鱼	10 651 523	1 002 926
	魛鱼	658 146	72 942
	鲤鱼	15 660 826	1 786 784
	鲷鱼	75 914	8 245
	鲨鱼	5 000	300
	大头鱼	972 979	119 626
	黄花鱼	991 475	98 223
	鳇鱼	22 027	4 677
	鲎鱼	175 200	13 958
	带鱼	15 260	924
	比目鱼		
	其他	548 339	38 641
	计	92 874 584	8 956 839
介类	鲍鱼	22 589	1 451
	蛤	519 785	4 411
	其他	16 970	1 152
	计	559 344	7 014

續表

類　別		數　量	價　格
其他水產動物	烏　賊	169 101	8 507
	蝦	12 119 745	600 480
	蟹	592 108	33 224
	鼈	461 495	48 123
	計	13 342 449	690 336

第二目　水產製造物

類　別	數　量	價　額
魚　肚	1 583	2 528
鹽乾魚	885 508	101 261
大海蝦	8 000	800
蝦　米	109 203	24 483
小　蝦	175 906	24 441
蟹　肉	6 560	1 450
魚　麪	7 780	1 867
計	1 194 540	156 832

第三目　各縣家畜表

縣別＼畜別	馬	牛	驢	羊	猪
武　昌	195 頭	18 095 頭	838 頭	1 401 頭	8 186 頭
鄂　城	196	22 839	322	3 096	107 359
嘉　魚	85	5 363	58	38	12 340
蒲　圻	398	31 012	501	1 410	191 686
咸　甯	127	1 364	38	236	2 216
崇　陽	131	1 867	39	93	49 740
通　山	111	11 718	34	644	13 721
通　城	43	19 921	26	330	23 883
大　冶	120	1 517	120	331	17 801
陽　新	386	13 829	241	2 679	7 666
漢　陽	241	4 568	149	3 468	111 019
夏　口		9 998		2 540	79 792
漢　川	802	36 348	334		55 513
黃　陂	274	45 150	3 242	8 062	107 210
孝　感	115	43 567	816	940	66 460

續表

縣別 \ 畜別	馬	牛	驢	羊	猪
沔 陽	5 885	42 744	1 910	3 524	119 180
黃 崗	120	42 658	187	1 884	18 594
黃 安	28	36 562	613	5 887	27 354
黃 梅		28 700	21	5	44 038
蘄 春	29	13 151	15	565	68 467
蘄 水	95	93 509	650	2 660	113 106
麻 城	369	18 980	670	9 850	25 910
羅 田	244	12 167	15	895	19 317
廣 濟	1 232	115 046	1 041	14 086	81 184
安 陸	65	42 701	59	645	52 420
隨 縣	2 343	98 885	18 647	80 365	140 148
雲 夢	147	14 511	212	2 875	60 253
應 山	8 490	134 313	8 696	132 909	230 075
應 城	523	9 171	723	1 851	8 795
鍾 祥	2 540	4 360	2 421	1 316	5 182
京 山	2 265	103 711	1 488	255	89 624

续表

畜别 县别	馬	牛	驢	羊	猪
潛 江	4 972	5 567	1 025		3 648
天 門	92	1 570	90		3 382
荊 門	21 274	72 726	17 649	36 472	105 735
當 陽	3 137	38 720	965	697	19 880
遠 安	111	874	133	833	4 264
襄 陽	3 760	14 120	5 150	6 450	38 250
宜 城	24 223	82 429	31 533	27 400	82 136
南 漳	114	18 198	200	1 227	19 544
棗 陽	10 460	20 827	12 881	5 189	5 635
穀 城	1 175	13 645	2 996	5 912	12 927
光 化	205	911	504	6 232	17 051
均 縣	184	1 056	329	2 429	8 671
鄖 陽	636	4 698	1 126	62 529	144 955
房 縣	422	2 350	317	18 998	35 443
竹 谿	198	6 299	89	4 754	5 259
竹 山	1 109	2 224	428	9 559	20 422

續表

縣別＼畜別	馬	牛	驢	羊	猪
保 康	534	3 312	431	8 802	25 154
鄖 西	114	17 681	40	20 940	100 833
江 陵	21 198	53 488	14 944	74 319	1 187 216
公 安	226	381	78	63	522
石 首	13 357	17 326	541	841	15 277
監 利	12 209	50 690	2 870	6 201	68 953
松 滋	3 283	14 771	2 981	4 561	22 350
枝 江	1 760	4 217	2 860	21 495	19 988
宜 都	1 547	6 279	101	5 369	14 683
宜 昌	204	45 356	14 683	204	45 356
長 陽	239	3 896	182	7 006	7 540
興 山	316	7 289	4	7 340	13 061
巴 東	494	1 818	323	298	2 860
五 峯	222	270	32	1 824	1 808
秭 歸	542	934	191	8 653	8 794
計	156 026	1 592 247	145 353	657 087	4 013 000

第四目　各縣家禽表

縣別＼禽別	雞數／卵數	鴨數／卵數	鵝數／卵數
武昌	486 731 羽	182 404 羽	21 855 羽
	1 116 805 個	755 004 個	98 910 個
鄂城	140 400	44 300	808
	7 020 000	2 035 000	24 900
嘉魚	13 340	2 320	20
	142 580	22 210	30
蒲圻	227 600	66 810	8
	4 356 000	1 764 400	24
咸甯	123 250	64 810	8
	10 991 000	5 832 900	1 440
崇陽	310 000	17 000	150
	4 270 000	2 230 000	22 000
通山	26 714	5 922	58
	765 414	183 632	
通城	91 260	6 822	241
	171 000	731 000	3 450

續表

縣別＼禽別	鷄 數 / 卵 數	鴨 數 / 卵 數	鵝 數 / 卵 數
大 冶	139 640	43 600	290
	4 296 000	660 600	11 520
陽 新	46 507	16 604	230
	333 415	42 252	476
漢 陽	291 288	71 768	2 768
	883 357	226 688	4 898
夏 口	405 690	192 230	1 110
	73 024 200	33 162 400	199 800
漢 川	269 195	161 517	
	1 615 170	8 075 850	
黃 陂	648 000	350 000	1 035
	825 000	475 000	1 070
孝 感	119 494	10 550	840
	603 770	52 200	2 380
沔 陽	112 830	64 206	
	9 175 920	9 000 000	

續表

禽別＼縣別	鷄數 / 卵數	鴨數 / 卵數	鵝數 / 卵數
黃岡	637 180	6 870	89
	6 371 800	58 700	356
黃安	378 507	160 934	3 559
	382 342	183 117	4 842
黃梅	105 400	9 000	
	16 530 400	2 300 000	
蘄春	7 442	1 143	
	709 480	119 090	
蘄水	753 192	280 657	1 530
	1 506 384	561 254	5 090
麻城	373 600	325 450	480
	45 032 000	35 799 500	4 800
羅田	30 447	2 152	48
	19 584	1 206	
廣濟	98 343	14 638	279
	140 630	21 594	735

續表

縣別 \ 禽別	鷄 數 / 卵 數	鴨 數 / 卵 數	鵝 數 / 卵 數
安　陸	72 350		
	98 970		
隨　縣	3 653 515	2 513 104	90 719
	7 367 084	5 232 957	682 623
雲　夢	72 034	3 490	454
	3 301 750	95 700	6 210
應　山	33 721	30 054	
	176 546	120 948	
應　城	393 622	47 782	2 829
	1 089 200	127 140	5 910
鍾　祥	497 259	19 343	1 008
	29 835 540	773 720	5 440
京　山	308 328	7 704	552
	15 329 375	229 806	8 459
潛　江	66 990	31 054	706
	7 469 364	3 138 266	3 647

續表

禽別＼縣別	雞數 卵數	鴨數 卵數	鵝數 卵數
天 門	123 220	22 750	
	1 408 810	410 133	
荊 門	80 226	42 855	3 768
	111 473	57 975	2 457
當 陽	238 592	56 522	19 627
	21 306 320	1 635 560	384 540
遠 安	22 000	1 210	26
	2 205 000	121 000	2 600
襄 陽	877 000	87 000	15 500
	44 100 000	3 685 000	496 400
宜 城	103 550	39 232	2 955
	2 061 829	880 088	7 573
南 漳	261 628	29 509	529
	39 398 762	1 770 038	3 174
棗 陽	462 147	15 639	5 917
	635 056	58 238	12 124

續表

縣別＼禽別	雞 數 / 卵 數	鴨 數 / 卵 數	鵝 數 / 卵 數
穀 城	17 984	790	
	107 910	4 075	
光 化	86 631	14 668	
	288 500	84 200	
均 縣	72 095	8 811	65
	19 611	2 268	
鄖 縣	172 830	91 300	
	5 364 150	2 745 000	
房 縣	69 475	28 318	1 734
	3 484 700	1 636 500	9 050
竹 谿	17 410	2 940	
	532 800	98 100	
竹 山	23 760	8 400	12
	72 000	54 600	72
保 康	33 884	12 399	98
	1 038 204	251 780	588

续表

禽别＼县别	鸡 数 / 卵 数	鸭 数 / 卵 数	鹅 数 / 卵 数
鄖西	74 954	2 215	149
	4 701 928	95 063	4 220
江陵	319 080	139 230	5 450
	3 828 960	1 668 760	32 520
公安	12 493	1 528	62
	182 283	14 443	720
石首	839 641	63 146	3 069
	3 356 861	2 492 400	6 220
监利	48 710	43 100	126
	1 288 730	1 153 350	9 540
松滋	430 330	3 600	96
	1 060 000	9 500	470
枝江	206 442	31 527	4 496
	15 791 430	2 161 700	161 888
宜都	176 749	26 725	841
	2 301 347	417 499	7 302

續表

縣別＼禽別	雞 數 / 卵 數	鴨 數 / 卵 數	鵝 數 / 卵 數
宜 昌	68 710	4 004	10
	218 280	30 120	1 370
長 陽	56 000	12 500	48
	113 000	37 300	
興 山	22 246	3 476	
	539 376	78 315	
巴 東	6 603		
	46 905		
五 峯	34 000	2 560	114
	1 700 000	128 000	684
秭 歸	6 892	3 145	
	3 666 000	39 910	
計	15 960 351	5 553 337	196 466
	430 416 834	135 833 549	2 240 522

第二節 漁　　業

第一目　何廣請設水產學校

浙江省立甲種水產學校畢業生何廣呈請設立水產學校，以中國貧乏，利權外溢，以致生計維艱，同人等爰組織泰豐公司，製成各種罐頭，中外皆知。第罐頭內以海錯山珍爲上品，查鄂屬長江，鱗介甲於他省，若設水產學校，亦利源一種之基礎。全球水產以美爲巨擘，日本近亦研究水產，學步美洲。長江巨魚不啻什百千萬，設校以研究，是統長江之漁，頓收無量之利。敢貢微忱，俯乞采納。批令曰：該生爲發展財源起見，擬在鄂屬籌設水產學校，事屬可行。惟案關教育，仰逕赴省長公署禀請核示可也。

第二目　李逢源等請組織漁業公司

宜都紅安區區長李逢源、紅蘭區區長陳貢廷，發起人李然皆、鮮泮香、馮成章、戈鳳藻，地主代表周古香、鄒炳星等請以紅蘭、紅安兩鄉交界之處桂子橋湖縱橫一百餘畝，源泉混混，至冬不竭。除灌田外，可以蓄魚，利益甚大。各地主擬集股六十份，每股錢五十千，共集資三千串，設一漁業公司。經宜都縣知事勘明，此湖上接宋山，下通大江，水有所洩，係天然溪湖，以之蓄魚，自係天然權利等情，代呈來廳詳核。所擬簡章與公司條例暨公司註册規則諸多不合，已批令另訂章程，由該縣轉呈核辦。

第三目　嘉魚峒山養魚公司

沔陽公民周鑑源、劉斌、余建襄、王建國等於九年四月呈請承租峒山湖爲養魚公司，資本定洋一千二百元，租湖期限二十年。令嘉魚縣確查有無糾葛，旋據該知事呈稱，查得峒山湖面積約六七百畝，三面環山，一面臨田，有小溝一道通古縣河，係城民李席珍私產，得價出租與余建襄等養魚，定期二十年，滿期並無糾葛等情。據此，已批令准予備案矣。

第三節　牧　　業

第一目　漢澤園養雞場

雲夢縣城西關漢澤，自闢基地約四十餘方，外圍竹籬、桑樹，場內養雞約一千餘頭，因以漢澤名圃。呈請保護備案，已令縣赴署逕呈核辦矣。

第二目　元生林牧場

襄陽縣民楊子權在鹿門山南之郝冲、王冲及馬山麓下荒原長溝等處約闢場千餘畝。牧場設在王冲，以團山、焦山為牧地，範圍面積約六方里。除已售各畜不計外，現有牛二十，羊六十四，豕三十四。奉省長令交議到廳。詳加審核，來書泛論利益，不能實言如何施業，律以施業計劃之義殊覺不合。又如林地牧場，地跨數處，面積甚廣，所有權是否確係私有，有何確實證據，於四界有無侵越情事，尤應事先考查核實。擬令飭縣知事查明地主權有無前項情事，再飭該場經理另具施業計劃書，妥擬章程，呈縣核轉。

第三目　孝感畜雞場

孝感商人羅發森資本三千元，在孝感小東門外蕭家小塘城邊魯家園子專營畜雞，由該縣知事轉呈，請註冊備案，已於九年五月准予備案矣。

第四章　工　　業

第一節　工業統計

第一目　油類工表

類　別	製造戶數	職　工　數		
		男　工	女　工	計
豆　油	2 242	7 911	2	7 913
芝麻油	6 670	14 183	648	14 831
花生油	713	1 932	42	1 974
菜　油	1 004	3 352	113	3 465
棉　油	858	2 824		2 824
茶　油	130	544		544
木　油	63	303	3	306

續表

類 別	製造戶數	職 工 數		
		男 工	女 工	計
皮 油	452	1 387	12	1 399
梓 油	404	1 234		1 234
棠麻油	11	85		85
計	12 547	33 755	820	34 575

第二目 酒類工表

類 別	製造戶數	職 工 數		
		男 工	女 工	計
黄 酒	1 092	2 144	85	2 229
燒 酒	7 186	22 234	216	22 450
果子酒	9	27	3	30
藥 酒	554	825	11	836
計	8 831	25 230	315	25 545

第三目　糖類工表

類別	製造戶數	職工數		
		男工	女工	計
冰糖	無			
白糖	11	28	2	30
紅糖	48	135		135
其他	536	1 262	111	1 373
計	595	1 425	113	1 538

湖北需糖仰給閩廣居多，本省造糖僅白、紅兩種，產物甚劣。冰糖即無製者，農民多以米製糖，名曰米糖，亦名白糖，實非普通白糖也（編者識）。

第四目　菸草類工表

類別	製造戶數	職工數		
		男工	女工	計
紙捲菸	9	19	7	26
旱菸	1 332	2 519	150	2 669
水菸	4 016	1 016	55	14 536

續表

類別	製造戶數	職工數		
		男工	女工	計
捲菸（一名雪茄）	265	228	100	328
計	5 622	17 247	313	17 559

華商紙捲菸，漢鎮僅一處。若仿雪茄菸工廠，荊門、襄陽、宜昌、江陵、當陽數縣皆有，取金堂葉爲之，味甚佳，銷甚廣（編者識）。

第五目　麥粉及澱粉類工表

類別	製造戶數	職工數		
		男工	女工	計
麥粉	3 410	25 578	335	25 913
豆粉	1 029	2 062	110	2 172
藕粉	507	989	148	1 137
山芋粉	548	1 093	14	1 107
葛粉	194	268	64	332
馬鈴薯粉	427	1 040	383	1 423

續表

類別	製造戶數	職工數		
		男工	女工	計
米粉	107	214	32	246
蕨粉	9	9		9
南粉	16	23		23
計	6 247	31 276	1 086	32 362

第六目 罐頭食物工表

類別	製造戶數	職工數		
		男工	女工	計
魚介類	118	314	20	334
肉類	216	352	9	361
果實類	123	254	2	256
餅乾類	474	964	51	1 015
計	931	1 884	82	1 966

第七目　絲織物工表

類別	製造戶數	職工數		
		男工	女工	計
綢類	272	479	148	627
縐類	29	205	4	209
絹類	141	298	84	382
紗類	21	55	27	82
紡類	7	87	3	90
羅類	3	8		8
絨類	3	39		39
被面	9	78	1	79
絲巾	304	534	12	546
絲帶	153	470	65	535
計	942	2 253	344	2 597

第八目　綿織物工表

類別	製造戶數	職工數		
		男工	女工	計
大　布	40 122	27 570	32 409	59 979
愛國布	1 043	1 462	1 471	2 933
斜紋布	149	205	95	300
竹　布	12	24	3	27
絨　布	18	77		77
粗　布	1 989	2 168	1 812	3 980
手　巾	960	1 413	313	1 726
被　面	113	213	32	245
線　毯	60	183	31	214
線　帶	29	105	33	138
線衣包				
計	44 495	33 420	36 199	69 615

湖北鄉俗，婦多自織而衣，亦間有零售易粟者，散漫頗難稽考(編者識)。

第九目　麻織物工表

類別	製造戶數	職工數		
		男工	女工	計
精製夏布	無			
粗製夏布	82	47	63	110
麻布	70	12	224	236
麻線	129	91	231	322
麻繩	4	10	7	17
計	285	160	525	685

第十目　毛織物工表

類別	製造戶數	職工數		
		男工	女工	計
呢	2	17		
褥毯	3	35		
毛靴鞋	4	12		
氈	2	3		
馬尾羅底	5	2		
計	16	69		

第十一目　絲棉交織物工表

類別	製造戶數	職工數		
		男工	女工	計
錦　布	33	48	22	70
被　面	31	46	15	61
計	64	94	37	131

第十二目　編物類工表

類別	製造戶數	職工數		
		男工	女工	計
衛生衣褲	4	14	100	114
手　套	58	46	34	80
線　襪	238	401	580	981
汗　衫	2	3		3
花　邊	7	23	8	31
靴　鞋	17	45	6	51

续表

类别	制造户数	职工数		
		男工	女工	计
便帽	1	5		5
线带	6	15	8	23
发网	124		158	158
毛巾	84	102	211	313
钱袋	143		282	282
计	684	744	1 297	2 041

第十三目　胰皂工表

类别	制造户数	职工数		
		男工	女工	计
洗濯用	25	108	22	130
其他	14	19		19
计	29	127	22	149

第十四目　蠟燭工表

類　別	製造戶數	職　工　數		
		男　工	女　工	計
清油燭	1 625	3 572	85	3 657
牛油燭	826	1 617	43	1 660
洋　燭	39	157	18	175
其　他	707	1 452	56	1 508
計	3 197	6 798	202	7 000

第十五目　漆液工表

類　別	製造戶數	職　工　數		
		男　工	女　工	計
熟　漆	65	194	6	200
生　漆	538	833	13	846
其　他	42	178	13	191
計	645	1 205	32	1 237

第十六目　蠟類工表

類別	製造戶數	職工數		
		男工	女工	計
白　蠟	38	57		57
黃　蠟	1 146	1 171	36	1 207
計	1 184	1 228	36	1 264

第十七目　靛青工表

類別	製造戶數	職工數		
		男工	女工	計
靛　青	1 298	2 711	78	2 789

第十八目　火柴工表

類別	製造戶數	職工數		
		男工	女工	計
安全火柴	2	82	244	326

第十九目　玻璃及玻璃製品工表

類別	製造戶數	職工數		
		男工	女工	計
平片玻璃	11	18		18
洋燈罩	1	14		14
計	12	32		32

第二十目　甎瓦工表

類別	製造戶數	職工數		
		男工	女工	計
火甎	589	4 088	70	4 158
花甎	4	18		18
普通甎	1 932	9 554	94	9 648
其他	311	777		777
瓦	786	2 822		2 822
計	3 622	17 259	164	17 423

第二十一目　紙類工表

類　別	製造戶數	職　工　數		
		男　工	女　工	計
連史紙	68	215	129	344
毛邊紙	48	150	20	170
皮　紙	217	721	34	755
油　紙	12	43		43
粗製紙	1 968	7 909	503	8 412
黃表紙	4	12		12
計	2 317	9 050	686	9 736

第二十二目　皮革物工表

類　別	製造戶數	職　工　數		
		男　工	女　工	計
上等獸皮	6	9		9
普通獸皮	991	1 102	7	1 109
牛　革	411	1 001	16	1 017
馬　革	44	118		118
其　他	32	89		89
計	1 494	2 319	23	2 342

第二十三目　化粧品工表

類別	製造户數	職工數		
		男工	女工	計
香粉	49	130	8	138
牙粉	1	8		8
胭脂	1	3		3
香油	1	2		2
香蜜	1	3		3
計	53	146	8	154

第二十四目　工業用藥品工表

類別	製造户數	職工數		
		男工	女工	計
硝酸	52	96	22	118
石膏	116	175	61	236
石灰	43	204		204
土硝	12	29	7	36
礆酸	46	91	12	103
計	269	595	102	697

第二十五目　陶瓷器工表

類　別	製造户數	職　工　數		
		男　工	女　工	計
飲食器	223	539	43	582
裝飾器	59	149	28	177
雜用器	369	1 593	33	1 626
計	651	2 281	104	2 385

第二十六目　漆器工表

類　別	製造户數	職　工　數		
		男　工	女　工	計
裝飾器	920	4 005	36	4 041
飲食器	146	304	24	328
其　他	170	706		706
計	1 236	5 015	60	5 075

第二十七目　五金製器工表

類別	製造戶數	職工數		
		男工	女工	計
金銀製器	1 201	4 153	42	4 195
銅錫製器	946	2 824	58	2 882
鐵製器	2 387	8 503	29	8 532
洋鐵製器	109	207		207
鏵製器	6	36		36
計	4 649	15 723	129	15 852
備考	漢陽一廠製鐵每年約值22 642 870元，故特記之，再詳工廠類說明（編者識）。			

第二十八目　木製器工表

類別	製造戶數	職工數		
		男工	女工	計
家具	2 544	5 472	28	5 500
車輛	318	1 217	29	1 246
船舶	188	592	28	620
其他	114	294	3	297
計	3 164	7 575	88	7 663

第二十九目　眼鏡工表

類　別	製造戶數	職　工　數		
		男　工	女　工	計
水晶製	35	108	3	111
玻璃製	20	74	2	76
其　他	11	13		13
計	66	195	5	200

第三十目　鐘錶工表

類　別	製造戶數	職　工　數		
		男　工	女　工	計
座　鐘	31	59		59
挂　鐘	37	39		39
錶	22	30		30
計	80	128		128

第三十一目　雕琢器工表

類別	製造戶數	職工數		
		男工	女工	計
玉器	29	86	100	86
石器	129	417	3	417
象牙器	2	12		12
骨角器	79	160	18	178
木槧	6	18	4	22
計	245	793	22	815

第三十二目　雜工產物工表

類別	製造戶數	職工數		
		男工	女工	計
桐油	684	2 031	17	2 048
針	34	168	32	200
釘	393	972	24	996
洋灰	35	46		46

續表

類別	製造户數	職工數		
		男工	女工	計
焦炭	3	7	4	11
刺繡	80	122	171	293
竹製器	1 534	3 766	217	3 983
梳篦	155	379	30	409
柳籐器	188	399	27	426
草帽瓣	291	155	771	926
樸席	33	66	34	100
篾席	382	1 052	70	1 122
葦席	895	899	1 014	1 913
龍鬚席	17	35		35
地席	26	57	24	81
音樂器	8	43		43
雨傘	511	1 693	111	1 804
旱傘	27	52		52
鏡子	35	69		69

續表

類別	製造戶數	職工數		
		男工	女工	計
扇子	47	179	50	229
香類	1 007	3 018	76	3 094
金銀箔	20	43		43
筆墨類	429	1 528	69	1 597
革製器	245	1 019	50	1 069
紙製器	202	469	58	527
編炮	2 468	7 131	493	7 624
玩具	94	211		212
棕製器	33	111		111
冠服靴鞋	155	310	17	327
簑笠	21	43	3	46
燈籠	8	16	4	20
構尺戥	10	21		21
計	10 070	26 110	3 367	29 477

列雜工一表以括各類之遺漏者，得以彙列以備參考（編者識）。

第二節 湖北三道屬勞働工資表

道　別			江漢道		襄陽道		荊南道	
類　別			關於農事之勞働者					
	工資數		年給	日給	年給	日給	年給	日給
農作	供食	男 最高	75.6元	0.35元	20元	0.1元	40元	0.16元
		男 普通	24	0.2	16	0.08	15	0.12
		男 最低	16	0.05	12	0.06	10	0.08
		女 最高	54	0.25	15	0.08	20	0.08
		女 普通	12	0.1	13	0.07	8	0.06
		女 最低	6	0.03	11	0.06	5	0.04
	工資數		日給		日給		日給	
養蠶	供食	男 最高	0.22元		0.14元		0.2元	
		男 普通	0.12		0.12		0.16	
		男 最低	0.04		0.1		0.12	
		女 最高	0.2		0.1		0.10	
		女 普通	0.1		0.08		0.08	
		女 最低	0.03		0.06		0.06	

续表

道　别			江汉道	襄阳道	荆南道
缫丝	工资数		日给	日给	日给
	供食	男 最高	0.81元	0.14元	0.32元
		男 普通	0.2	0.12	0.24
		男 最低	0.06	0.1	0.2
		女 最高	0.41	0.1	0.16
		女 普通	0.15	0.08	0.12
		女 最低	0.06	0.06	0.1
渔夫	工资数		日给	日给	日给
	供食	最高	0.4元	0.14元	0.12元
		普通	0.2	0.12	0.1
		最低	0.1	0.1	0.08
类　别			关于制造服用品之劳动者		
织工	工资数		日给	日给	日给
	供食	男 最高	0.4元	0.12元	0.32元
		男 普通	0.2	0.1	0.2
		男 最低	0.06	0.08	0.1
		女 最高	0.4	0.12	0.25
		女 普通	0.1	0.1	0.18
		女 最低	0.05	0.08	0.09

续表

道　別			江漢道	襄陽道	荊南道
織工	不供食	男 最高	0.6	0.18	0.4
		男 普通	0.3	0.16	0.3
		男 最低	0.13	0.14	0.16
		女 最高	0.6	0.18	0.35
		女 普通	0.2	0.16	0.25
		女 最低	0.1	0.14	0.15
彈工	工資數		日給	日給	日給
	供食	最高	0.33元	0.14元	0.28元
		普通	0.2	0.12	0.2
		最低	0.06	0.1	0.12
	不供食	最高	0.47	0.2	0.36
		普通	0.3	0.18	0.28
		最低	0.13	0.16	0.2
染工	工資數		日給	日給	日給
	供食	最高	0.4元	0.13元	0.16元
		普通	0.2	0.1	0.12
		最低	0.06	0.08	0.08

续表

道别			江汉道	襄阳道	荆南道
成衣		工资数	日给	日给	日给
	供食	最高	0.3元	0.12元	0.24元
		普通	0.1	0.1	0.26
		最低	0.05	0.08	0.16
制帽		工资数	日给	日给	日给
	供食	最高	0.3元	0.1元	0.3元
		普通	0.1	0.08	0.2
		最低	0.05	0.06	0.16
制靴鞋		工资数	日给	日给	日给
	供食	最高	0.3元	0.14元	0.3元
		普通	0.1	0.12	0.2
		最低	0.05	0.1	0.16
制皮货		工资数	日给	日给	日给
	供食	最高	0.4元	0.2元	0.32元
		普通	0.12	0.16	0.24
		最低	0.07	0.14	0.18

续表

道别			江汉道	襄阳道	荆南道
类别			关于制造饮食品之劳动者		
碾米		工资数	日给	日给	日给
	供食	最高	0.12元	0.1元	0.12元
		普通	0.1	0.08	0.1
		最低	0.06	0.06	0.08
	不供食	最高	0.42	0.18	0.2
		普通	0.2	0.16	0.18
		最低	0.1	0.14	0.16
磨坊		工资数	日给	日给	日给
	供食	最高	0.3元	0.1元	0.12元
		普通	0.1	0.08	0.1
		最低	0.06	0.06	0.08
	不供食	最高	0.45	0.18	0.2
		普通	0.2	0.16	0.18
		最低	0.12	0.14	0.16

續表

道　別			江漢道	襄陽道	荊南道
釀酒		工資數	日給	日給	日給
	供食	最高	0.4元	0.2元	0.16元
		普通	0.16	0.16	0.12
		最低	0.1	0.14	0.1
	不供食	最高	0.5	0.26	0.24
		普通	0.28	0.24	0.2
		最低	0.2	0.22	0.18
醬園		工資數	日給	日給	日給
	供食	最高	0.45元	0.16元	0.12元
		普通	0.1	0.14	0.1
		最低	0.05	0.12	0.08
	不供食	最高	0.5	0.22	0.2
		普通	0.2	0.2	0.8
		最低	0.08	0.18	0.16

續表

道　別		江漢道	襄陽道	荊南道
木茶	工資數	日給	日給	日給
	供食 最高	0.35元		0.14元
	供食 普通	0.1		0.12
	供食 最低	0.06		0.1
	不供食 最高	0.5		0.1
	不供食 普通	0.2		0.22
	不供食 最低	0.15		0.18
製煙草	工資數	日給	日給	日給
	供食 最高	0.34元	0.1元	0.12元
	供食 普通	0.1	0.08	0.1
	供食 最低	0.05	0.06	0.08
	不供食 最高	0.45	0.16	0.2
	不供食 普通	0.2	0.14	0.18
	不供食 最低	0.1	0.12	0.16

续表

道　别			江汉道	襄阳道	荆南道
类　别			关于建筑之劳働者		
木匠	工资数		日给	日给	日给
	供食	最高	0.45元	0.15元	0.24元
		普通	0.10	0.12	0.20
		最低	0.05	0.10	0.16
	不供食	最高	0.55	0.24	0.32
		普通	0.20	0.22	0.28
		最低	0.10	0.20	0.24
瓦匠	工资数		日给	日给	日给
	供食	最高	0.40元	0.12元	0.24元
		普通	0.10	0.10	0.20
		最低	0.05	0.08	0.16
	不供食	最高	0.55	0.24	0.32
		普通	0.20	0.22	0.28
		最低	0.08	0.20	0.24

續表

道別			江漢道	襄陽道	荊南道
鋸匠		工資數	日給	日給	日給
	供食	最高	0.40元	0.22元	0.24元
		普通	0.22	0.20	0.22
		最低	0.10	0.18	0.20
石匠		工資數	日給	日給	日給
	供食	最高	0.40元	0.14元	0.20元
		普通	0.10	0.12	0.16
		最低	0.05	0.10	0.12
	不供食	最高	0.54	0.20	0.28
		普通	0.20	0.18	0.24
		最低	0.09	0.16	0.20
製甎瓦		工資數	日給	日給	日給
	供食	最高	0.40元	0.14元	0.16元
		普通	0.10	0.12	0.12
		最低	0.05	0.10	0.08
	不供食	最高	0.54	0.20	0.24
		普通	0.22	0.18	0.20
		最低	0.09	0.16	0.16

續表

道　別			江漢道	襄陽道	荊南道
類　別			\multicolumn{3}{c}{關於製造器俱之勞働者}		
木器家俱		工資數	日給	日給	日給
	供食	最高	0.4元	0.14元	0.2元
		普通	0.1	0.12	0.16
		最低	0.06	0.1	0.14
造車		工資數	日給	日給	日給
	供食	最高	0.45元	0.14元	0.3元
		普通	0.1	0.12	0.24
		最低	0.06	0.1	0.2
造金銀器		工資數	日給	日給	日給
	供食	最高	0.5元	0.16元	0.4元
		普通	0.2	0.14	0.32
		最低	0.09	0.12	0.24
製銅錫器		工資數	日給	日給	日給
	供食	最高	0.4元	0.14元	0.24元
		普通	0.2	0.12	0.16
		最低	0.08	0.1	0.12

續表

道　別		江漢道	襄陽道	荊南道
鐵匠	工資數	日給	日給	日給
	供食 最高	0.3 元	0.14 元	0.12 元
	供食 普通	0.12	0.12	0.1
	供食 最低	0.05	0.1	0.08
桶匠	工資數	日給	日給	日給
	供食 最高	0.22 元	0.14 元	0.12 元
	供食 普通		0.12	0.1
	供食 最低	0.05	0.1	0.08
製竹柳梭籐器	工資數	日給	日給	日給
	供食 最高	0.4 元	0.14 元	0.24 元
	供食 普通	0.1	0.12	0.16
	供食 最低	0.06	0.1	0.12
類　別		關於各項雜業之勞働者		
造紙	工資數	日給	日給	日給
	供食 最高	0.4 元	0.14 元	0.2 元
	供食 普通	0.16	0.12	0.15
	供食 最低	0.05	0.1	0.1

續表

道　別			江漢道	襄陽道	荊南道
造紙	不供食	工資數	日給	日給	日給
		最高	0.6元	0.2元	0.28元
		普通	0.26	0.18	0.23
		最低	0.08	0.16	0.18
榨油		工資數	日給	日給	日給
	供食	最高	0.35元	0.14元	0.16元
		普通	0.1	0.12	0.12
		最低	0.06	0.1	0.08
	不供食	最高	0.44	0.22	0.24
		普通	0.2	0.2	0.2
		最低	0.09	0.18	0.16
油漆匠		工資數	日給	日給	日給
	供食	最高	0.4元	0.2元	0.24元
		普通	0.2	0.18	0.16
		最低	0.06	0.16	0.12
	不供食	最高	0.6	0.27	0.32
		普通	0.28	0.25	0.24
		最低	0.09	0.23	0.2

续表

道　别		江汉道	襄阳道	荆南道
雕刻	工资数	日给	日给	日给
	供食 最高	0.49元	0.15元	0.24元
	供食 普通	0.20	0.13	0.16
	供食 最低	0.06	0.11	0.12
	不供食 最高	0.59	0.27	0.32
	不供食 普通	0.30	0.15	0.24
	不供食 最低	0.10	0.23	0.20
印刷	工资数	日给	日给	日给
	供食 最高	0.46元	0.14元	0.24元
	供食 普通	0.20	0.12	0.16
	供食 最低	0.06	0.10	0.12
	不供食 最高	0.60	0.20	0.32
	不供食 普通	0.30	0.18	0.24
	不供食 最低	0.12	0.16	0.20

续表

道　别			江汉道	襄阳道	荆南道
制革		工资数	日给	日给	日给
制革	供食	最高	0.40 元	0.14 元	0.32 元
制革	供食	普通	0.10	0.12	0.24
制革	供食	最低	0.06	0.10	0.16
制革	不供食	最高	0.60	0.20	0.40
制革	不供食	普通	0.20	0.18	0.32
制革	不供食	最低	0.12	0.16	0.24
制席		工资数	日给	日给	日给
制席	供食	最高	0.25 元		0.16 元
制席	供食	普通	0.10		0.12
制席	供食	最低	0.06		0.08
制席	不供食	最高	0.35		0.24
制席	不供食	普通	0.20		0.20
制席	不供食	最低	0.12		0.16

续表

道 别			江汉道	襄阳道	荆南道
男仆		工资数	月给	月给	月给
	供食	最高	7.0元	2.4元	4.0元
		普通	2.0	2.0	3.2
		最低	0.8	1.6	2.4
女佣		工资数	月给	月给	月给
	供食	最高	5.0元	2.0元	2.0元
		普通	1.2	1.8	1.6
		最低	0.4	1.6	1.0
夫役		工资数	日给	日给	日给
	不供食	最高	0.50元	0.24元	0.20元
		普通	0.24	0.22	0.15
		最低	0.10	0.20	0.10

以上劳动工资各表俱系报据六年分各道之报告，各界之调查近年比较的略有增加，野僻之区仍无甚轩轻也（编者识）。

第三節　官辦之工業

第一目　實業廳直轄之工廠

民國四年以前，湖北六十九縣知事各有工廠，資微利少，因循敷衍，漸成有名無實之政。前巡按段委員分途調查，祇以江陵等七縣工廠略具成績，尚可賡續進行，其他虧巨費多無法接濟，於是聚各縣之工廠經費集中於道區，改數十縣工廠爲一道工廠，得以由散而整，力聚而充，誠亦策之善者也。每廠各籌基本金五萬串，曰"江漢道工廠""襄陽道工廠""荊南道工廠"。江漢道即就夏口縣原有之工廠擴充，荊南道即就宜昌縣原有之工廠擴充，襄陽道即就襄陽縣原有之工廠擴充。原有各縣工廠存欵一律彙解道屬，不足之數由省另籌照撥。工廠總理一席由各道尹飭各道商會公舉正紳充任，各道尹監督之。籌辦甫有眉目，成效略有可觀，不意六年荊襄兵興，襄陽道工廠所有存典生息之基金全被某軍提出，復由襄陽鎮守使襄陽道尹呈請在襄陽縣罰金項下撥錢一萬串，得以維持現狀。荊南道工廠亦因軍興，售物停滯，純益金少。江漢道工廠亦因軍興，七年之春，廠地爲曹經略使後方傷軍病院，因而停工。現在各道所屬工廠已改歸實業廳直轄，本廳正積極整頓，恢復工作或可徐圖進步也。

第二目　荊沙貧民工廠

荊沙貧民工廠創始於鄂軍司令唐犧之，本分荊州平民工廠、荊沙貧民工廠兩處。荊州平民工廠廠長石寶瑛虧本數萬，難以支持，因於民國三年將荊州平民一廠併入荊沙貧民工廠，此廠性質專收荊籍貧民入廠工作，內分織染部、縫紉部、印刷部、雕刻部，嗣因資金不充，僅留織染、縫紉二部。現委旗紳平春慶充廠長，辦理三年，歲有虧折。又擬招商股擴充廠本，呈由省長核准，倘能招徠商資得充分之輔助，或可轉絀爲贏耶。

第三目　應城石膏官局

石膏爲應城特産，民國六年商人彭又岩組織應興公司呈部註册，每年報效軍餉十萬串，許以專利。嗣因各峒産出石膏太多，供過於求，銷路頓滯，壓本自多，有限資金難資周轉，貸官錢局債至二十餘萬，至期又不能履行。官錢局郭總辦因而查封備抵，改歸官辦矣。於民國七年十月開辦，官錢局郭總辦兼任此局，遙爲監督，局內另設總經理、總稽查各職。總局設於漢口，並分設收運所於應城等處，每月經常經費預算共銀洋二千餘元。應城産石膏各峒是由峒商采取石膏，專賣於官局，每年每峒平均收膏三十抬，每抬約值一千二百五十文，價分五等，以次遞減。原章程雖定有限制之收賣，倘銷路暢旺，亦可平均增加，尚留有伸縮之餘地。至峒商采取石膏，峒數、工資數俱不詳，但峒商希望賣多利厚，自由販賣，然與專賣性質根本上發生衝突，已由應城縣知事愷切開導矣。

第四目　漢陽造甎廠

廠址在漢陽赫山，面積約一百餘畝，前清張文襄督鄂時建設。辛亥軍興，廠工逃散。民國成立，由前實業司撥發經費法洋四萬元，委任夏紹傳重新整頓，繼續開辦，嗣因經理不善，基本虧耗，至民國三年二月又復停工，派員保存。是年十二月，商人楊毓麟呈請包辦，經段前巡按使又撥發官本法洋四萬元，以二萬元添置德窰、房屋、機械，以二萬元作爲流動資本，訂立債約，商人承包者負有贏無絀責任。不意至四年七月派員考察，楊毓麟又復虧折甚鉅，當即發交武昌縣押追，旋由保人易磐賠償官本錢八千餘串，楊毓麟始得開釋。至是年十一月，又委易磐承辦，訂立契約存案，易磐接辦三年並無贏餘，詳加核算約虧錢四千餘串。民國七年七月經王兼省長任內完全收回官辦。因委省管實業科僉事張賡陞爲正經理，修整廠屋、機械，再事整理。九年之間四次變更，二次商辦，二次官辦矣。

第五目　官紙印刷局

局址在省垣大朝街，民國二年由呂前民政長委前實業司長辦理，撥經費四萬元，印刷各官廳公文書及征收簿記、票據之類，並附印《湖北公報》及《教育公報》。每年支出經費二萬八千餘元，公報支出經費九千六百元，官紙支出各費即在經收官紙收入項下坐支。公報支出除經售公報收入外，由財政廳月給津貼法洋三百元。局長李祖蔭因紙昂銷滯呈明省長，各縣征收票不准各縣自由印製，以期專賣收益，藉資裕利。已奉令准行。查各縣征收票歲計有八百萬張，倘每紙贏錢一文，亦可得利八千串，印刷專賣亦經濟行政之一最善策也。

第六目　宜昌商埠局

宜昌開闢商埠始於民國三年八月，由呂前巡按使委前荊南道尹凌紹彭開辦，始名曰"宜昌商埠事務所"。一切經費據宜昌縣報解稅商曹順茂等繳還之錢並利息等欵，約計二十餘萬。由段前巡按使咨呈内務、外交、財政、農商四部立案。所辦主要工程：第一建築馬路，第二建築市政公有必要之廠屋。旋委金鼎總理其事，造成馬路四條。金鼎調赴奉天。因改委前荊南道尹張履春接辦，又成馬路三條。五年十月張履春丁艱，王兼省長委本任政務廳廳長胡俊采調署荊南道尹遂兼斯職。嗣張履春百日服闋回任。王兼省長因將此項事務所改爲宜昌商埠局，呈請任命胡俊采爲宜昌商埠局局長。胡俊采詳加規劃，依據市政之必要，擬造公園、警署、菜市等項廠屋，又規劃添修馬路、月堤等項施設，順序進行，漸有日新月異之象。所有包工手續，取法投標，以杜弊竇，樽節公資，爲數巨萬。嗣因荊襄告變，工滯難行，三請辭職，始蒙委代。現局長毛昌嗣對於前局長胡俊采之計劃略有變更，尚未一律告蔵也。

第四節　官有商辦之工業

第一目　漢陽鐵廠

（成立暨變更）前清張文襄知世界將重鐵，督粵時大有志於鐵政，毅然購定化鐵鑪兩座，將從事於治鐵。旋調任兩湖總督，後任督粵者不願接收此鑪，文襄不得已携而來楚，置於漢陽之野。因延聘西人謀煤於山，謀鐵於地，旋得大冶之鐵，又得萍鄉之煤，剋日興工庀鑪設廠，於前清光緒十七年某月告成。實中國鐵廠之鼻祖。官辦數年，收效甚微，旋即改歸商辦，名曰"漢冶萍公司"，盛宣懷實繼之，現歸孫寶琦總其成，吳任之理其事。迭經變易，延至今茲，彈指光陰已三十載。

（廠址暨面積）廠址在漢陽城外大別山之陽，前臨襄水入江之口，左兵工廠，左臨大江，運輸極便，長約千弓，寬約三百弓，面積約共一千畝。

（變遷與增設）廠址上之研究殊覺始事者失於經濟化。鐵廠址最好是鄰煤而近鐵，二者倘不可得兼，或附鐵而煤就之，或近煤而鐵就之，竟置鑪於漢陽，位在不煤不鐵之地，運輸上兩感不便。實違工廠原則，不敢為先賢失計諱也。所以現在大冶聞已增築新鑪二座，聞猶將增至八座，變遷增設亦補救之一道也。

（資本與債約）全公司總資本三千三百萬。內有借貸日本債款一千五百萬，原定契約息金極重，鐵價極廉，一出一入是日本既享有極利益之子金，又享有極便宜之鐵價。廠內經濟大權聞已旁落，海內資本家如其謀無憑之業，何若一鼓作氣收買已失利權之債券耶。

（廠員支配）廠長之下有事務部，有商務部，為全廠主要機關。若關於製造方面，全廠又分三股，每股設有總工程師一人。

一　化柝股　主任意大利人。
二　鋼鐵股　主任俄羅斯人。

三　電器股　主任德意志人。

事務股附設有專門學校一處，造就工業人材，甚可嘉也。

（運輸與工作）廠中起鑛碼頭緊傍江岸，凡大冶、萍鄉運來煤鐵鑛塊，船停碼頭，俱用起重電力機器運入廠內，置諸火車，由火車又分運至化鐵爐中。化鐵爐共有四座，俱在廠之中心，分列兩排，距碼頭約二里。化鐵爐製成生鐵，留備製鋼者又運至鋼廠，否則即堆積空地。鋼廠距化鐵爐甚近，在製鋼廠製成鋼胚，又用電力運貨機運至拉鋼廠，拉成鋼條或鋼板、工字樑、方角樑、鐵軌等件。拉鋼廠在製鋼廠略西，毗連竣貨廠。在拉鋼廠之南，若各種細工鋼製件亦堆積此間空地待售。

（附屬廠所）廠內附屬造甎廠、模樣室、土木處、電料處、翻砂廠、鉤釘廠、機器修理處，以上七處俱在製鋼廠南。廠長辦公處、商務股、稽核股、收支股、機器股，以上五處俱在廠之中心，順列漢水之涯，大門以內。化析室在極西南角，仍沿用古法，不若新法之迅速也。

（汽爐之支配）廠內新式汽爐共有五處：（一）在新化鐵爐計有十二座。（二）在老化鐵爐計有四座。（三）在化鋼廠備化鋼之用。（四）在製造灰甎之用計有五座。（五）供給拉鋼廠之用機器煉鋼用煤汽燃燒計共有九座。

（電力發動機之支配）廠內電力發動機共有三處：第一處設置五百零六瓩脫的發電機三，皆雙電三線機，電壓自四百三十至二百佛脫。其餘三處設百瓩脫之電機七，電壓自二百二十至二百三十佛脫。現在所用俱係正電流。

（化鐵爐之工力）廠內共有化鐵爐四座。一號、二號每日可出鐵二百餘噸，三號、四號每日可出鐵五百餘噸。需要鐵多時，四座爐同時並用，需要鐵少時，同時祇用兩座。爐高七十五英尺，最大直徑十八英尺，礦料入爐十七小時可以得鐵。隨時出鐵汁，隨時增鑛料，每三小時出鐵一次，出鐵一小時前先取出浮在鐵液上之渣滓。爐火晝夜不熄，長年不斷，工作不休，或三年或兩年始息火修整一次。每生火一次，用費甚巨也。

鐵鑛自爐倒下，漸次鎔化成汁，由爐底流出凝在砂模型中成半圓、半平式之鐵條，每條二尺，名曰"鐵條"。每一化鐵鑪旁有四座熱風鑪，鑪係兩層圓筒，鐵鑪熱煙自鑪頂引出，經外層圓筒然後到煙肉出去，燒熱空氣亦能助鑪中之燃燒。熱力鑪中最高熱度約華氏表三千度以上，因恐鑪殼熱度太高易於損壞，鑪身滿載自來水管使冷水川流不息以減少鑪殼之熱度而繞護之。

（鐵鑛之成分）"錳"百分之六十二、"矽"百分之五至七、"錫"百分之一、"硫"百分之三。

（生鐵之成分）"矽"百分之一、"炭"百分之三四，餘皆净鐵。

（滓渣之成分）"矽"百分之三十三、"養化炭"及"鎂"百分之四十七、"養化鐵"百分之一又或五至二、"硫化鈣"百分之一。

（加煉鑛料之配量）鑛砂四千八百啓羅格蘭，"鈣炭養"即石灰一萬五千啓羅格蘭，焦煤三百啓羅格蘭。

（煉鋼之情形）煉鋼共有鹽基性的廠底爐八座，每次用四座、五座不等。因每一次煉鋼則爐內火甎必多損碎，必需重新鋪整一次，每日可出鋼三十噸，每煉一次需時八九小時。煉鋼爐係長方形，前有二門，後有一洞，鋼液由此洞流出，飼料在調和爐裏調和，用電車運置爐內。爐中並不用煤，單用空氣混雜煤氣。爐鋼前有製煤汽爐十餘座，爐頂如漏斗式，煤由該處下降即受燃燒，所含容易蒸發之物蒸發爲汽，經鐵管引至煉鋼爐中猛力燒煉飼料，約八九小時，爐內盡成溶液鋼液，自後洞流於一大鍋內，用電力起重機搬至一處，將鋼液由鍋底活塞注於方柱模型内即或鋼胚。每胚重約九百二十啓羅格蘭，面積約一方尺，高約四尺，鋼胚外面稍冷必再燒過一次，始送至拉鋼廠。

（拉鋼廠之滾機）拉鋼機器三個大蒸汽機共一萬五千匹馬力，硬鋼置此滾機之下，欲製何種形狀俱能如式，頃刻製成，切鋼如泥。壓機俱用水力，鋸鋼機用電力，鋼在機下大有百煉鋼化爲繞指柔之勢。

（煉鋼飼料）鐵片十五噸、石灰兩噸、生鐵三十噸。

（傭工與傭值）傭工略分四等：高級辦事人爲一等，低級辦事人爲一等，工程師爲一等，普通工人爲一等。辦事人方照薪俸略優，生活較好，工程師有每月二百元者，亦有一百元者。工頭四人皆在比國實習，歸國在廠辦事約二十年，每月工資亦一百元，機器師每月三十元及十餘元，普通工人每日三百八十文，以月計不過六元有零而已。

（山邊自治會）此會完全含有俱樂部性質，皆全廠高等辦事人及工程師集合而成，普通工人不得入焉。會内有講演會、音樂會、書報室、檯球、蕩船等游戲。

（作工時與食住）廠有公房出租，薪優者得美居。亦有公立庖廚，薪優者得美餐，無不視金錢爲低昂。飯金最優月六元，次四元五角，工人祇得包普通最劣之飯。

高等辦事人每一日夜作工八小時，一周日作三度替交。

低級辦事人暨普通工人每一日夜工作十二小時，一周日作二度之替交。

每兩星期兩批工人各自交換一次。

第二目　楚興公司租辦之紗麻絲布四官局

前三十年光緒庚寅間，張文襄公微察棉與紡織、製絲與麻爲將來社會極大之需要，毅然創辦四局，曰紡紗局、曰織布局、曰繅絲局、曰製麻局，規模已具，年有虧折，是辦理人誤以官法經商，非創辦人之過也。改爲商辦，應昌公司以八十萬資本租辦，清督瑞澂斥退，應昌公司改租大維公司開辦。甫經旬日即值武漢起義，因而停擱，民國告成，屢議承租不決。蜀人劉偉發起楚興公司，獨力躭認十萬兩以爲之倡，蔣沛霖、毛樹棠、劉歆生、羅麟閣、朱祥甫、詹叔珂、李壽菴、馬春泉、楊蒲伯、歐陽惠昌、周星堂等共十二人同時並起，本定招股一百三十萬，實收股本七十八萬兩。民國二年租定，議定四局每年租金十一萬兩，癸丑陰歷正月開工，定期十年，租金按陽歷計算，押租二十五萬兩，此項押租每年在租金項下扣還銀四萬兩，六年外扣清。紗布兩項，在武漢出售概免厘稅，如轉運他埠在漢口江漢關祇完正稅，沿途概免厘稅，仍存湖北官局名義營業，日增發達，每年利率有遞增之勢。

民國三年　　贏餘四十五萬

　　四年　　贏餘四十五萬

　　五年　　贏餘四十五萬

　　六年　　贏餘六十萬

　　七年　　贏餘四十五萬

　　八年　　贏餘二百萬

　　九年　　贏餘四百萬

歷年公積金約存二百萬。

紗局、布局每贏餘約佔百分八十，麻局、絲局每局祇能各佔百分之一十。楚興公司股票額價每百兩約值一千餘兩，亦中國工廠最有價值之一廠也。

紗局　　每年約紡紗一千二百萬磅，約二千六百餘抬

　　　　每日需工三千餘人

　　　　每日需煤四十餘噸

　　　　每日需棉四萬磅

布局　　每年約織布五十萬疋有奇

　　　　每年約紡紗一千四百四十萬磅

　　　　每日需工四千餘人

　　　　每日需煤五十噸

　　　　每日需棉八萬磅

　　　　總理人徐榮庭

第三目　白沙洲造紙廠

廠址在望山門外白沙洲，張文襄創辦。辛亥軍興工停，民國元年由前實業司撥欵興辦，至十月即虧折復停辦。二年，商人馬稚菴承租接辦，至三年十月，據云取水困難，又復停工，且欠繳物料租金約一萬餘兩，發交武昌縣知事押追，至七年六月始理清債務開釋。又有大展公司承租，年繳租金八千元，訂立合同試辦一年，該公司亦因起水機械馬力過小，

倘遇秋涸即滯工作，虧本數萬，旋又退租。現由福成公司代表王明文等承租，擬定每年租金六千元，試辦三年，正式承租十二年，分爲兩期，第一期六年内租金仍照六千元解繳，至第二期六年内每年加租洋一千元，年繳七千元，合計十五年共繳租金九萬六千元。

第四目　漢陽針釘廠

張文襄督鄂時度地漢陽赫山設廠製造針釘。宣統二年，華僑梁祖祿租辦，辛亥軍興，梁回爪哇，至民國三年六月退租，派員保管。估計該廠地皮、機件約值四十一萬元，據老於製造針釘者之鑒訂云，製針一項多不完全，製釘一項亦有欠缺，必須經一度精密之添配始克敷用。現中華鐵器公司承租，擬定試辦合同三年，每年繳租金四千元，正式承租十二年，分爲兩期，前一期六年每年繳租金七千元，後一期六年每年繳租金八千元，估計原本計收租費歷年平均尚不及二厘息也。

第五目　武昌氈呢廠

張文襄督鄂時度地武勝門外設廠製造氈呢，委道員嚴開第經理，共用股本四十三萬，官本佔四分之三，商本居四分之一，辦理不得其法，因而虧折甚巨。辛亥軍興，廠員星散。民國元年由前湖北都督委張營長接辦，虧折尤多，因復委嚴開第辦理，仍無起色，積欠禮和、瑞記各洋行債務。經吕前民政長將嚴開第交武昌地方審判廳押追，一面派員保存廠物，一面令財政廳墊發瑞記洋行債欠六萬五千餘兩，禮和洋行債欠六萬三千餘兩。瑞記一欠由該廠協理以漢口地皮抵還，財政廳合價銀三萬三千餘兩，嚴開第僅繳付財政廳現銀五千餘兩並本名股票二萬元合抵銀一萬四千兩。又該廠變賣顏料各項價銀六萬三千餘兩，繳付兩抵，尚虧銀五六千兩。又嚴開第作保高正陽以氈呢廠押借東方匯理銀行銀數千兩，除將貨物抵償外，下欠三千餘兩，至今案懸未結。八年十月派員估勘該廠，據稱該廠基地、房屋、機器、碼頭等項尚值五十萬元，現在派員保存，每月尚需費二百餘元。

第六目　武昌模範大工廠

廠址在省城蘭陵街，民國四年由實業司撥官本十九萬三千餘元。官辦三年，年有虧折。民國六年王兼省長任內詳加盤查，原料僅值六萬元，幾虧四分之三，遂決定改歸商辦。公信公司承租所有房屋、器具，每年租金一千二百串，原料折價作爲三萬五千串。調查該廠自歸商人吳幹丞接辦之後，共積資七萬元。七年分贏餘一萬四千元，八年分贏餘一萬五千元，工人每日約七百餘人，男工、女工各半，現在內分四科。

一、製胰科　　每年約製胰三萬餘箱，約值十五萬兩。
二、織染料　　每年約織各色布五萬疋，約值二十五萬兩。
三、製革科　　製造鞋皮、皮靴、皮包、皮夾、皮箱之類。
四、縫紉科　　製風衣、軍裝、洋式衣服，代辦綢綾便服。

尚擬擴充火力機器，經營上頗有蒸之日上之勢。

第五節　商辦之工廠

第一目　揚子機器廠

成立時期　　前清光緒三十三年七月。

成立暨擴充　成立時範圍較小，歷年逐步擴充增加，機器添購，廠址較之創辦時約進步四倍之多，工程一日盛一日。

增加製造　　現在添造鑄鋼爐及化鐵爐，並造浮塢以便修理千噸以下之船隻。

資本　　　　創辦時定額三十五萬兩，次年議決增加至四十萬兩。民國五年增至六十萬兩，六年增至一百萬兩，八年再議增加五十萬兩，皆係分次集合，現在共計總額一百五十萬兩。

| 營業事項 | （甲）鐵路、車輛、橋梁、叉軌以及附屬物件。
（乙）大小輪船、兵艦、木鐵躉船、駁船、救火船隻以及附屬機件。
（丙）鍋爐、鐵屋、梁柱、水塔、水櫃、水閘、抽水機、打樁架。
（丁）鑄鋼爐、製造鑄鋼貨件。
（戊）各種煤汽發動機。
（己）化煤機、冶煉生鐵。
（庚）製造其他各種機件。
（辛）修理各項船隻。
| 原料 | 購自本國居多，間亦有需歐美各國者。
| 銷路 | 本國定購或定修者固多，日本、歐美在我國各商亦有定購定修者。
| 工人 | 無定額，以工程多寡隨時支配。
化鐵爐專聘美國工程師一人。
| 藝徒 | 考其程度相當者，隨時納入，並無專章。
| 廠址 | 在漢口洋火廠下，面積共二萬餘方，並無分廠。
| 廠長 | 王光，廣東人。

第二目　武昌第一紡織公司

| 成立時期 | 民國八年八月。
| 機器 | 全部紡織機計四萬錠。電汽機計大小兩部，大部托平馬力三萬六千疋，小部托平馬力二千五百疋，此機完全最新式電力作用者。現在已安設一萬三千錠，未運到廠者二萬七千錠，此機係英商安利英經理在英國（Aeelise）廠定造織布機共定五百部，已安設完全。
| 資本 | 總額三百萬兩。
計李紫雲五十萬兩。

	劉鵠臣二十三萬兩。
	廣幫五十萬兩。
	黃州幫五十萬兩。
	零股一百七十萬兩。
工作工資	該廠所用工人咸由江南招雇女工，每人安家費五元、行李費五元、川資五元五角，工頭每日七角至八角，散工每日三角至五角。現在女工約共三百餘人，將來機件安設齊全仍須增加三倍，始供支配。
紡紗數目	現在一日夜可出紗八千四百磅。
廠屋	建設鴻闊，光線極合新式工廠之用，按廠內面積可以容設八萬紡錠之地。
廠址	武昌武勝門外舊商埠。
總理	李紫雲，湖北人。

第三目　裕華紗廠

廠址在武昌下新河，與第一紡織公司不遠，楚興公司同人公同組織，董其事者為孫志堂，現在建築廠屋、碼頭，已粗具規模，明年或可開工，資本係二百萬元。

第四目　震寰紗廠

廠址在武昌下新河，與裕華隔岸，創辦係劉子敬、劉季五等，建築廠屋、碼頭亦有規模，開工之期當亦不遠，資本係二百萬元。

第五目　武昌電燈公司

成立暨經過	民國三年十二月成立，年有虧折，算至今年，營業經過五年餘，共虧折九萬元。其虧折有兩個原因，主因係檢察不嚴偷電太多，因偷電太多則電光不明，社會上頗有不滿之意，因而裝設不能發

	達又發生附因矣。
資本暨基產	原集股本四十五萬元。
	房屋建築費八萬八千二百三十九元。
	機器費二十三萬三千二百七十三元。
	器具費一千八百二十五元。
	線路費十二萬二千七百七十元。
	產業費一千五百五十七元。
	生財費一千九百十五元。
裝燈價額暨收入	每十六支光燈一盞，每月收費一元一角，現在已裝一萬五千盞，平均每月收費一萬元零，按照定價僅收得三分之二，其三分之一多半免費。
開支數目	每月人工費需支二千餘元。
	每月煤炭費需支六千餘元。
機器	舊有機器一部，因光力不足又新增機器一部，馬力俱三百匹，每日需煤十四噸，以十一兩二錢五分一噸計算，每日需銀一百五十七兩五錢。
廠址	在武昌紫陽橋係租官有地，每年租金六百元。

第六目　漢口既濟水電公司

成立暨經過	創設在前清光緒三十二年六月。辛亥一役，漢口全鎮被焚，直接間接損失約共一百五十餘萬元。民國元、二、三年商業凋敝，入不敷出，丁巳以後營業略見進步，現在之贏仍不足補從前之絀，所以至今尚無純益金之可言也。
資本	定招股本銀元五百萬元，自來水預算資本三百五十萬元，電汽燈預算資本一百五十萬，實收到資本金三百四十萬〇六千三百七十元。
電燈數目	十六枝燭光(換莫)共計八萬五千盞。

電費數目	每點鐘所用一(啓羅華德)之電費合大洋一角八分,每月包用十六枝燭光燈,全夜大洋四元八角,半夜大洋二元四角。
工人暨工資	全廠工人一百〇五人,工資最高額每月每人七十四元,最低額每月每人十二元,全體職員每月共支洋三千〇二十一元。
	技士主任原口種次,日本人,開辦東京橫濱電汽事業。
電汽方式	直流四百八十(華爾德)。
	交流二千三百(華爾德)。
	相　三相。
	三線式及三線式。
電廠原動力	蒸汽機引擎三部,齒輪機一部。
	發動機引擎二千一百,齒輪機七百。
	每月平均煤炭消費一千五百噸。
發電機種類	直流三部。
	交流一部。
啓羅華德	直流一千五百。
	交流五百。
建廠費	銀五萬兩。
全廠機器	水管式爐子,五基。
	給水唧筒,二基。
	溫水機,一基。
	凝汽機,四基。
	配電板,直流一組。
	配電板,交流一組。
	起重機,一座。
	其他勵磁器機、揚水唧筒、管類煙筒類。
電線及線路	架空線、包線及裸線,共四萬〇八百英尺,BS自二號

	至六號，BS 自四〇號至十二號，計費四十餘萬元。
經理	宗煒臣。

第七目　燮昌、燧華火柴公司

廠址	燮昌在漢口日本租界。
	燧華在漢口橋口鐵路外。
沿革	開辦已二十餘年，民國六年又重新整頓。
資本	合資二十萬元。
開辦費	五萬元。
牌號種類	單獅、雙獅、雞子、四錢、鸚鵡、單馬、耕牛。
價值	明火(甲種)每箱十九兩。
	明火(乙種)每箱十八兩。
	硫磺火(甲種)每箱十五兩。
	硫磺火(乙種)每箱十四兩五錢。
原料	洋硝、硫磺、法司、牛皮膠、黃燐、松脂、白臘油。
原料產地	洋硝漢口燄昌公司所產，德國亦有。
	硫磺日本產。
	法司、牛皮膠英國產。
	白臘油、松脂美國產。
	黃燐德國產，日本亦有。
原料價值	洋硝每磅銀二錢。
	硫磺每石銀三兩。
	法司每箱銀五十五兩。
	牛皮膠每磅銀二錢五分。
	黃燐每箱銀五十五兩。
	牛皮膠每斤銀三錢。
	松脂每斤銀一錢。
	白臘油每斤銀一錢五分。

原料木植　　名曰：檜木、椢木、松木、楊木，咸運自日本。
　　　　　　短枝每件十兩。
　　　　　　小片每件十二兩。
機器　　　　搖梗機二十八部。
　　　　　　折梗機二十八部。
全年銷額　　燮昌：四萬三千餘箱，每箱七百二十包，每包十盒。
　　　　　　燧華：四萬箱。
職工　　　　職員、技師五十餘人。
　　　　　　作工六百餘人。

第六節　武漢三鎮中國工廠總表

工廠名	工作之類作	所在地	製造量數
興商磚茶廠	製茶	漢口橋口	
玉成蛋廠	蛋黃白	漢口大智門	每日需蛋五十担
金龍麵粉廠	製麵粉	漢口法租界	每日製粉四萬五千磅
裕龍麵粉廠		漢口羅家墩	每日製粉五萬磅
元豐榨油廠	豆油餅	漢口特別區	每日製豆餅三千六百枚 每枚約五十斤而弱
天勝榨油廠	豆油餅	漢口襄河邊	每日製餅二千枚
寶勝碾米廠	精米	漢口華景街	每日精米一百担

续表

工廠名	工作之類作	所在地	製造量數
裕泰碾米廠	精米	漢口新碼頭	每日精米一百担
同昌碾米廠	精米	漢口張美之巷	每日精米一百担
盈豐玉碾米廠	精米	漢口後街	每日二百担
寶善碾米廠	精米	漢口山頭	每日五百担
寶順碾米廠	精米	漢口四灣	每日一百担
裕潤碾米廠	精米	武昌	每日二百五十担
元盛碾米廠	精米	武昌	每日二百担
財政部造紙廠	製紙	漢口諶家磯	一日出紙四百担
維益織布廠	織布	漢口正街	每日織布百十五疋，每疋五丈
中亞織布廠	織布	漢口正街	每日七十疋
精美織布廠	織布	漢口正街	每日八十疋
包全生織布廠	織布		每日六十疋
謝榮茂皂燭廠	製造肥皂洋燭	漢口大智門	每日肥皂二百箱，洋燭六十箱
漢陽皂燭廠	製造肥皂洋燭	漢口橋口外	每日皂燭一百二十箱
漢冶萍鐵廠	製鐵	漢陽龜山	每年產生鐵十五萬噸
紐合昌機器鐵廠	各種鐵工	漢口法租界	無定額
冠昌機器鐵廠	各種鐵工	漢口大智門	無定額

续表

工廠名	工作之類作	所在地	製造量數
謙順製罩廠	製造洋燈罩	漢口三新街	每日製燈罩二百打
順記製罩廠	製造洋燈罩	漢口萬年街	每日一百二十打
熊記腸廠	臘腸製造	漢口三新街	每日製腸五百副 每副十三米達二分之一
華記腸廠	臘腸製造	漢口車站後	每日七百副
炮藥廠	製造彈藥	漢陽黑山	未詳
兵工廠	製造槍炮	漢陽黑山	未詳
針釘廠	製針釘	漢口森森林	每日製釘二百桶
永昌元榨油廠	製豆油餅	襄河沿	每日產豆餅一千六百塊
順豐榨油廠	製豆油餅		每日二千四百塊
興盛榨油廠	製豆油餅		每日一千四百塊
福和榨油廠	製豆油餅		每日一千塊
劉祥興軋花廠	別棉花之實	漢陽鐵門關	每日軋二十六擔
順記軋花廠	別棉花之實		每日二十二擔
馨記軋花廠	別棉花之實		每日十八擔
蕭義興軋花廠	別棉花之實		每日十八擔
楊正昌軋花廠	別棉花之實		每日十八擔

續表

工廠名	工作之類作	所在地	製造量數
泰昌軋花廠	別棉花之實		每日十四担
源成軋花廠	別棉花之實		每日十担
福生昌軋花廠	別棉花之實		每日十八担
泰豐軋花廠	別棉花之實		每日十三担
周恒順鐵工廠	各種鐵工		無定額
周洪順鐵工廠	各種鐵工		
鄭義興鐵工廠	各種鐵工		
廣益公司鐵工廠	各種鐵工	同山頭	
貧民工廠	織布雜品作	同惠民亭	
財政部製幣廠	銅元銀元	武昌城內	無定額
湖北氈呢廠	絨氈大呢織造	下新河	每日織量六百碼
實業第一廠	愛國布	武昌候補街	每日織布六十疋
歲計工廠	愛國布毯類	武昌	每日織布一百二十疋
湖北製皮廠	皮革製造	南湖	每日製皮二十餘張
利華製革公司	皮革製造		不詳
陸軍製革廠	皮革製造		不詳

第七節　武漢三鎮外國工廠總表

工廠名	工之類別	所在地	國籍	製造量數
義華澄油廠	木油牛脂精	法租界	意大利	每年木油二萬担　牛二
阜昌磚茶廠	茶磚	英租界	俄	
順豐磚茶廠	茶磚	俄租界		
怡和澄油廠	桐油其他油脂	英租界	英	桐五　每年木油四萬担　牛二
華昌澄油廠	桐油其他油脂			桐五　每年木油二萬担　牛二
和利製冰廠	製冰	法租界		每日製冰二萬磅
平和棉包工廠	壓包棉花	英租界		一晝夜棉花鐵卷能力一千俵
隆茂棉包工廠	壓包棉花			同一千二百俵
英美紙煙廠	製煙捲	特別區	英美合資	每日製煙捲六百萬支　葉捲六百萬磅
和記牢牛廠	製牛豚雞鴨卵凍		英	每年牢牛豚等值二百萬兩

续表

工廠名	工之類別	所在地	國籍	製造量數
泰和煉銻廠	煉銻	橋口		每日煉銻四噸
其來油廠	精製桐油	法租界	美	每年製桐油二百萬担
德泰净皮廠	精净牛羊皮	英租界	法	無定額
福泰净皮廠	精净牛羊皮			
永興净皮廠	精净牛羊皮	大智門		
公興蛋廠	製蛋黃白	法租界		一日用蛋一百担
同澄油廠	桐 木油 牛	大智門		桐　五 每年木油二萬担 牛　一
康成酒廠	釀酒	橋口	中法合辦	每日製酒八十担
瑞興蛋廠	製蛋	下關	比	一日用蛋一百担
萬興净皮廠	净牛羊皮	法租界		無定額

第八節　德商已停工廠表

瑞記澄油廠　　　　　　特別區
禮和澄油廠　　　　　　大智門
禮和蛋廠　　　　　　　大智門

禮和洗鑛砂廠	武昌下新河
美最時蛋廠	特別區
美最時油廠	特別區
美最時電燈廠	特別區
禪臣澄油廠	特別區
嘉利蛋廠	大智門
碎格爾蛋廠	橋口
機昌機器鐵廠	法租界

第九節　日本在漢口工廠表

三井油廠	特別區
日華澄油廠	日租界
日華豆餅廠	日租界
日華榨油廠	日租界
日信榨油廠	漢陽大碼頭
日信榨花包梳廠	漢陽大碼頭
黃泰繭廠	南岸嘴
小林肥皂廠	洪益巷
金昌肥皂廠	土塪
武內玻璃廠	三新街
三合玻璃廠	橋口
東亞煉銅廠	橋口
合記澄油廠	大新街
泰孚腿帶子廠	三元里
大倉淨皮廠	歆生路外

第十節　江漢道屬工業總調查

武昌縣屬工業

務本織業廠	男女工三十六名	每年織愛國布六千一百二十疋，值洋一萬二千六百元。
鳳昌織業廠	男女工二十一名	每年織愛國布三千九百六十疋，值洋九千九百元。
第一實業製造廠	男女工七十四名	每年織愛國布一萬〇八百疋，值洋二萬七千元；金鋼石花布七千二百疋，值洋一萬八千元。
華升昌織業廠	男女工二十五名	每年織愛國布四千六百八十疋、金鋼石花布四千六百八十疋，共值洋二萬三千四百元。

鄂城縣屬工業

大順甄瓦廠	男工九名	每年製甄瓦二十八萬塊，共值洋二千三百七十元。
萬豐甄瓦廠	男工九名	每年製甄瓦二十四萬塊，共值洋二千四百九十二元。
雲錦織布廠	男女工十五名	每年製各色布類五千九百七十疋，值洋一萬六千二百元。
復盛烘鷄廠	男工九名	每年烘鷄鴨十三萬個，值洋三千六百元。

咸甯縣屬工業

長裕川茶甎廠	男女工一百九十八名	每年製東口黑茶甎三千八百箱，值洋四萬一千二百元。
大德誠茶甎廠	男女工二百一十四名	每年製東西口黑茶甎四千箱，值洋三萬三千元。
長盛川茶甎廠	男女工一百五十七名	每年製東口黑茶甎三千箱，值洋二萬四千四百元。
順豐茶廠	男女工九十五名	每年製老茶四千石，值洋四萬一千元。
興商茶廠	男女工九十名	每年製黑茶四千四百石，值洋四萬二千元。
天聚和茶廠	男女工百四十八名	每年製老茶四千箱，值洋四萬四千元。
宏益裕茶廠	男女工九十名	每年製老茶四千石，值洋四萬四千元。

蒲圻縣屬工業

天聚和茶磚廠	男女工二百七十三名	每年製各等茶三千六百五十箱，值洋四萬五千五百元。
長盛川茶磚廠	男女工二百二十六名	每年製茶磚五千箱，值洋七萬五千元。
大德生茶磚廠	男女工一百九十八名	每年製茶磚三千箱，值洋四萬五千元。
興隆茂茶磚廠	男女工二百五十六名	每年製茶磚四千箱，值洋六萬元。
寶聚興茶磚廠	男女工一百七十二名	每年製茶磚三千五百箱，值洋五萬二千五百元。

三玉川茶磚廠	男女工二百四十九名	每年製茶磚四千箱，值洋六萬元。
天順長茶磚廠	男女工三百〇一名	每年製茶磚四千五百箱，值洋七萬七千五百元。
巨貞和茶磚廠	男女工四百二十七名	每年製茶磚四千八百箱，值洋七萬二千元。
巨盛川茶磚廠	男女工三百九十八名	每年製茶磚三千箱，值洋四萬五千元。
永茂祥紅茶廠	男女工六百六十九名	每年製紅茶七千五百箱，值洋十五萬元。
福盛謙紅茶廠	男女工五百三十二名	每年製紅茶六百箱，值洋一萬二千元。
大德興紅茶廠	男女工四百七十八名	每年製紅茶七百箱，值洋一萬四千元。
新泰茶包廠	男女工四百八十九名	每年製茶包三萬，值洋十二萬元。
阜昌茶包廠	男女工五百三十九名	每年製茶包三萬，值洋十二萬元。
順豐茶包廠	男女工五百二十六名	每年製茶包三萬五千，值洋十四萬元。
新商茶包廠	男女工五百一十六名	每年製茶包三萬二千，值洋十二萬八千元。
和記茶包廠	男女工五百三十名	每年製茶包二萬六千，值洋十萬〇四千元。
祥興永紅茶廠	男女工三百九十八名	每年製紅茶四百八十箱，值洋九千六百元。

蘭斯馨紅茶廠	男女工五百一十四名	每年製紅茶五百八十箱，值洋一萬一千六百元。

陽新縣屬工業

大新官銅礦煉廠	男工二百名	每年煉銅六千三百八十六磅，因尚未煉成純銅，故不能估價。

大冶縣屬工業

華記湖北水泥廠	男工四百名	每年製水泥二十七萬桶，值洋一百五十一萬二千元。

通山縣屬工業

福泰祥茶廠	男女工五百二十六名	每年製紅茶一千二百箱，值洋一萬九千元；茶梗二百四十包，值洋七百六十元；茶末三百六十包，值洋三千元。
福興和茶廠	男女工四百五十四名	每年製各類茶一千一百八十包，值洋一萬二千二百三十元。
永泰源茶廠	男女工五百四十四名	每年製各類茶一千三百五十箱，值洋一萬八千三百元。
義昌祥茶廠	男女工五百三十六名	每年製各類茶二千一百箱，值洋二萬七千九百元。
曹協泰紙廠	男工十名	每年製引紙九千四百件，值洋二千二百五十六元。
曹小溪紙廠	男工八名	每年製引紙五千二百五十件，值洋一千二百六十元。

漢陽縣屬工業

天盛油餅廠	男工一百〇二名	每年製豆油一百萬〇八千斤，值洋十萬〇〇二百元；豆餅二千萬斤，值洋四十四萬元。
新盛油餅廠	男工六十五名	每年製豆油七十九萬斤，值洋七萬七千五百元；豆餅一千一百萬斤，值洋三十三萬元。
裕豐隆油餅廠	男工八十三名	每年製豆油六十三萬斤，值洋六萬二千元；豆餅一千三百四十萬斤，值洋三十六萬四千元。
順豐油餅廠	男工九十五名	每年製豆油九十二萬斤，值洋八萬九千元；豆餅一千九百萬斤，值洋四十一萬六千元。
協成膏糧酒廠	男工十名	每年製酒十一萬二千斤，值洋一萬四千元。
裕豐膏糧酒廠	男工八名	每年製酒十萬五千斤，值洋一萬三千元。
同德坊膏糧酒廠	男工十名	每年製酒九萬六千斤，值洋一萬一千元。
大成利膏糧酒廠	男工九名	每年製酒十萬二千斤，值洋一萬二千元。
江義興膏糧酒廠	男工九名	每年製酒九萬斤，值洋一萬元。
衡春義南酒醬園廠	男工二十名	每年製酒醬各類九萬二百斤，值洋一萬五千七百五十元。

錦春醬油菜廠	男工十二名	每年製醬油菜各類六萬斤,值洋六千三百元。
蘇義隆水煙廠	男工十六名	每年製水煙各類三十一萬四千斤,值洋四萬七千八百元。
杉正泰水煙廠	男工十三名	每年製水煙各類二十一萬二千斤,值洋三萬二千四百元。
裕大水煙廠	男工十四名	每年製水煙各類二十一萬四千斤,值洋三萬二千七百元。
陳隆盛水煙廠	男工十八名	每年製水煙各類二十二萬六千斤,值洋三萬五千二百元。
亞寅公司機器麵廠	男女工十三名	每年製機器麵三萬八千斤,值洋三千八百元。
徐萬源絨布廠	男工十七名	每年製絨布六千二百疋,值洋三千三百元。
曾松記絨布廠	男工十六名	每年製絨布六千二百疋,值洋三千三百元。
劉祥興絨布廠	男工九名	每年製絨布二千三百疋,值洋一千五百元。
江永成絨布廠	男工九名	每年製絨布二千二百疋,值洋一千二百元。
曾萬盛絨布廠	男工十名	每年製絨布三千二百疋,值洋一千八百元。
胡祥泰板帶廠	男女工十四名	每年製板帶九千根,值洋二千元。
龔萬興板帶廠	男女工十名	每年製板帶七千根,值洋一千五百元。
陳正興板帶廠	男女工十一名	每年製板帶八千根,值洋一千七百元。

和興祥板帶廠	男女工十一名	每年製板帶五千根,值洋一千一百元。
吳太盛線毯廠	男女工十一名	每年製線毯四千疋,值洋四千元。
張文發線毯廠	男女工十一名	每年製線毯二千五百疋,值洋二千五百元。
蕭永發線毯廠	男女工十名	每年製線毯二千五百疋,值洋二千五百元。
萬順線毯廠	男女工十一名	每年製線毯二千五百疋,值洋二千五百元。
劉春茂線毯廠	男女工十一名	每年製線毯二千五百疋,值洋二千五百元。
洪發祥線毯廠	男女工九名	每年製線毯二千五百疋,值洋一千二百元。
蕭義發棉花廠	男工二十六名	每年製棉花十一萬八千斤,值洋四萬五千元。
楊正昌棉花廠	男工二十二名	每年製棉花十四萬五千斤,值洋五萬一千元。
福昌生棉花廠	男工二十名	每年製棉花十二萬五千斤,值洋四萬一千元。
劉祥興棉花廠	男工二十七名	每年製棉花十八萬斤,值洋六萬三千元。
源成棉花廠	男工二十二名	每年製棉花十四萬五千斤,值洋四萬七千元。
黃順記棉花廠	男工二十二名	每年製棉花十四萬五千斤,值洋四萬七千元。
馨記棉花廠	男工二十四名	每年製棉花十四萬五千斤,值洋四萬七千元。

德豐棉花廠	男工二十二名	每年製棉花十四萬斤，值洋四萬五千元。
馮順興木器嫁貨廠	男工十一名	每年製木器嫁貨四百五十件，值洋三千八百元。
魏萬順木器嫁貨廠	男工十五名	每年製木器嫁貨五百八十件，值洋五千元。
劉福昌木器嫁貨廠	男工十四名	每年製木器嫁貨五百廿件，值洋四千八百元。
袁廣興木器嫁貨廠	男工十九名	每年製木器嫁貨七百二十件，值洋七千五百元。
江興發木器嫁貨廠	男工十三名	每年製木器嫁貨六百件，值洋五千八百元。
陳永發木器嫁貨廠	男工八名	每年製木器嫁貨四百件，值洋三千五百元。
鐵廠造磚處紅磚廠	男工九十八名	每年製紅磚五百萬塊，值洋五萬二千元。
裕記洋磚瓦廠	男工一百三十四名	每年製磚瓦各類八千三百七十六萬五千塊，值洋一千四百五十八萬八千二百元。
阜成青紅磚廠	男工三百二十四名	每年製磚一千萬塊，值洋七萬八千元。
利羣公司紅磚廠	男工二十二名	每年製紅磚一百七十萬塊，值洋一萬九千元。
普利公司磚瓦廠	男工二十七名	每年製磚瓦九百六十萬塊，值洋三萬三千元。
福記公司磚瓦廠	男工一百三十二名	每年製磚瓦八百七十五萬五千塊，值洋四萬三千七百元。

楊順記磚瓦廠	男工七十三名	每年製磚瓦四百六十四萬塊，值洋二萬五千一百元。
舜業公司磚瓦廠	男工一百〇五名	每年製磚瓦六百二十五萬五千塊，值洋三萬八千二百元。
永吉公司磚瓦廠	男工七十一名	每年製磚瓦五百一十二萬塊，值洋二萬七千七百元。
漢陽鋼鐵廠	男工三百四十名	每年製鋼鐵軌件各類二十九萬五千六百七十三噸，值洋一千四百四十四萬五千七百元。
中桐翻砂機器廠	男工三十七名	每年製翻砂機件七百五十噸，值洋三萬七千五百元。
興昌翻砂機器廠	男工三十四名	每年製翻砂機件八百五十噸，值洋四萬五千元。
郭合興翻砂機器廠	男工二十八名	每年製翻砂機件九百五十噸，值洋四萬七千五百元。
洪順翻砂機件廠	男工九十名	每年製翻砂機件三千二百噸，值洋十六萬一千元。
尊記翻砂機件廠	男工三十八名	每年製翻砂輪機各件八百五十噸，值洋四萬五千元。
順昌翻砂機件廠	男工二十九名	每年製翻砂機件六百五十噸，值洋二萬六千元。
順藝興翻砂機件廠	男工三十一名	每年製翻砂機件九百噸，值洋二萬七千元。
周恒順翻砂機器廠	男工九十一名	每年製翻砂機件三千五百噸，值洋十萬元。
和順翻砂機器廠	男工三十四名	每年製翻砂機件七百五十噸，值洋二萬五千元。

廣同昌翻砂機器廠	男工二十七名	每年製翻砂機件七百噸，值洋二萬五千五百元。
森昌翻砂機器廠	男工一十四名	每年製翻砂機件四百四十噸，值洋一萬二千元。
順泰翻砂機器廠	男工二十三名	每年製翻砂機件七百四十噸，值洋二萬四千元。
廣利昌翻砂機件廠	男工二十二名	每年製翻砂機件六百二十噸，值洋一萬九千元。
鄭義興翻砂機件廠	男工四十二名	每年製翻砂機件一千二百二十噸，值洋三萬六千八百元。
榮泰昌翻砂機件廠	男工八十八名	每年製翻砂機件二千二百二十噸，值洋七萬五百元。
鄭永泰翻砂機件廠	男工二十九名	每年製翻砂機件八百噸，值洋二萬四千八百元。
東興翻砂機件廠	男工三十三名	每年製翻砂機件六百四十噸，值洋二萬一千元。
廣裕和冶坊鐵鍋廠	男工一百〇一名	每年製鐵鍋各類二十萬口，值洋七萬二千元。
李洪發船廠	男工二十九名	每年製紅劃船三十二艘，值洋七千五百元。
萬和銀器廠	男工八名	每年製銀器二千件，值洋三萬二千元。
周復泰錨廠	男工十一名	每年製錨一百三十噸，值洋三千五百元。
胡祥順銅器廠	男工八名	每年製銅器各類一千九百二十個，值洋二千四百元。
塗順興木器廠	男工八名	每年製木器各類四百二十件，值洋一千四百元。

周順興木器廠	男工八名	每年製木器各類四百件，值洋一千二百元。
李長興西式服廠	男工八名	每年製衣服二百套，值洋二千五百元。
王恒泰床綳廠	男工八名	每年製棕綳床四百件，值洋一千二百元。
朱謙泰皮鞋廠	男工十一名	每年製皮鞋一千六百雙，值洋五千六百元。
曹祥泰皮鞋廠	男工十一名	每年製皮鞋八百雙，值洋二千四百元。
謝興發皮鞋廠	男工十名	每年製皮鞋五百六十雙，值洋一千八百元。
郭祥興皮鞋廠	男工八名	每年製皮鞋七百雙，值洋二千二百元。
吳萬泰皮鞋廠	男工十一名	每年製皮鞋七百雙，值洋二千二百元。
曹長發皮鞋廠	男工十七名	每年製皮鞋一千二百雙，值洋三千八百元。
常德興皮鞋廠	男工八名	每年製皮鞋四百五十雙，值洋一千四百元。

夏口縣屬工業

中亞印書館	男工一百名	每年印刷書籍、圖畫、股票、各項證券，貿易額三十萬元。
謝榮茂肥皂洋燭廠	男工七十名	每年製肥皂、洋燭各類三千九百箱，值洋一萬九千五百元。
同茂肥皂洋燭廠	男工三十名	每年製肥皂、洋燭各類九百箱，值洋四千五百元。

漢陽肥皂廠	男工二十九名	每年製肥皂一千箱，值洋四千八百元。
元豐豆油豆餅廠	男工二百二十名	每年製豆油、豆餅三萬担，值洋三十四萬元。
既濟水電公司電汽燈、自來水廠	男工五百名	每日製電三百啓羅華德、水七百萬加倫，值洋共一千七百元。
燮昌火柴廠	男女工一千三百四十名	每年製火柴四萬箱，值洋七十萬元。
寶隆碾米廠	男工三十三名	每年製米三萬担，值洋十八萬元。
民信肥皂廠	男工三十二名	每年製肥皂一千箱，值洋五千元。
順記油桶蛋桶廠	男工二十二名	每年製油桶、蛋桶四千五百具，值洋二萬四千元。
合興記洋灰瓦筒水門汀廠	男工十名	每年製洋灰瓦筒、水門汀各類，不能計數，值洋一千八百元。
公信昌碾米廠	男工四十名	每年製米二萬五千担，值洋十二萬元。
盈豐玉碾米廠	男工三十名	每年製米二萬担，值洋十萬元。
寶勝碾米廠	男工四十名	每年製米二萬五千担，值洋十二萬元。
機器桶鋸板廠	男工四十五名	每年製桶箱二萬件，值洋十萬元。
李森茂茶磚簽箱廠	男工二十四名	每年製磚茶簽箱一萬二千件，值洋五千元。

仁昌脩造機器廠	男工二十四名	每年製造機器無定額，值洋三千元。
廣成和鐵鍋廠	男工一百六十名	每年製造鐵鍋十五萬只，值洋五萬元。
義昌銅鐵機器翻砂廠	男工八十六名	每年製銅鐵機器翻砂各類一千六百六十件，值洋一萬二千元。
合昌修造機器物品廠	男工二十三名	每年製脩造機器各類五百一十三件，值洋六千元。
萬和泉記荷蘭氣水廠	男工二十二名	每年製荷蘭水三萬打，值洋八千元。
華豐電光紬廠	男工四十七名	每年製電光紬二千疋，值洋一萬元。
保泰電光布廠	男女工七十八名	每年製電光布三千八百疋，值洋二萬元。
天昌毛毯廠	男工二十三名	每年製毛毯一百三十六條，值洋四千元。
明義公毛毯廠	男工十六名	每年製毛毯七十條，值洋一千五百元。
賽家公司地毯廠	男工二十二名	每年製大小地毯一百一十條，值洋四千元。

黃陂縣屬工業

富國染織柳條愛國布廠	男女工三十六名	每年製柳條、愛國各類布三十一萬九千丈，值洋一十六萬元。

孝感縣屬工業

陳永發磚瓦廠	男工四十一名	每年製磚瓦一百一十一萬四千五百塊,值洋三千二百〇六元。
王大福磚瓦廠	男工二十五名	每年製磚瓦九十一萬九千九百塊,值洋二千四百五十四元。
汪長勝磚瓦廠	男工三十六名	每年製磚瓦一百一十七萬二千七百四十塊,值洋三萬〇七十四元。
張永發磚瓦廠	男工二十二名	每年製磚瓦一百一十六萬八千四百塊,值洋三千〇五十四元。
楊永順鐵鍋農器廠	男工十六名	每年製鐵鍋、農器各類二萬三千八百八十件,值洋三千四百八十一元。
劉永森鐵鍋農器廠	男工十八名	每年製鐵鍋、農器各類二萬五千八百件,值洋三千九百二十五元。
張永福陶器廠	男工三十名	每年製陶器各類二萬五千二百八十件,值洋一千六百五十七元。
易祥記陶器廠	男工十五名	每年製陶器各類十萬〇二千三百四十件,值洋二千九百元。
陳恒茂石灰廠	男工十名	每年製石灰四千二百担,值洋二千二百元。

徐正興石灰廠	男工九名	每年製石灰三千七百二十担，值洋一千七百六十元。

沔陽縣屬工業

萃豐升油廠	男工二十二名	每年製各種油類一千四百七十担，值洋一萬四千四百八十元。
聚盛生油廠	男工十四名	每年製各種油類一千五百六十担，值洋一萬五千二百十五元。
福興永油廠	男工十二名	每年製各種油類一千一百十五担，值洋一萬〇八百八十元。
李和順油廠	男女工十九名	每年製各種油類一千八百五十五担，值洋一萬七千三百五十五元。
萃記油廠	男女工十二名	每年製各種油類一千八百四十一担，值洋一萬六千八百六十一元。
江源吉油廠	男工七名	每年製各種油類一千一百七十担，值洋一萬二千三百五十元。
萬森泰油廠	男工七名	每年製各種油類一千三百七十五担，值洋一千三百六十九元。
李廣泰油廠	男工七名	每年製各種油類一千三百八十五担，值洋一萬三千二百七十元。

凌同怡油廠	男工七名	每年製各種油類一千二百七十四担,值洋一萬二千八百七十元。
張裕興油廠	男工七名	每年製各種油類一千三百十担,值洋一萬二千一百四十元。
陳萬盛油廠	男工七名	每年製各種油類一千二百十七担,值洋一萬二千一百七十三元。
曾鼎盛油廠	男工十一名	每年製各種油類一千六百四十八担,值洋一萬四千九百九十一元。
聶祥茂油廠	男工十名	每年製各種油類一千四百八十四担,值洋一萬四千三百五十五元。
景星福油廠	男工十三名	每年製各種油類一千七百五十五担,值洋一萬八千一百一十六元。
熊萬順油廠	男工十三名	每年製各種油類一千八百十一担,值洋一萬七千一百五十元。
胡春和油廠	男工十三名	每年製各種油類一千六百七十二担,值洋一萬五千五百十八元。
徐吉祥油廠	男工十二名	每年製各種油類一千八百四十担,值洋一萬五千一百九十一元。

瑞泰隆油廠	男工十三名	每年製各種油類一千二百五十七担，值洋一萬二千三百八十六元。
楊萬和油廠	男工十名	每年製各種油類一千二百三十二担，值洋一萬一千九百四十六元。
羅仁和油廠	男工十一名	每年製各種油類一千二百四十四担，值洋一萬〇二百七十七元。
和順油廠	男工十二名	每年製各種油類一千四百〇六担，值洋一萬一千八百十七元。
隆昌油廠	男工十三名	每年製各種油類一千五百五十五担，值洋一萬五千七百元。
真記桑皮紙廠	男工八名	每年製桑皮紙三千六百刀，值洋七百九十二元。
張宇房扇子廠	男工十六名	每年製扇子各類四十二箱，值洋七千二百〇五元。
鄭同發扇子廠	男工十八名	每年製扇子各類四十九箱，值洋八千七百四十五元。
周元吉扇子廠	男女工十六名	每年製扇子各類五十五箱，值洋九千一百十元。
張蔚記扇子廠	男女工十六名	每年製扇子各類五十四箱，值洋八千五百五十元。
徐福椿扇子廠	男女工十七名	每年製扇子各類四十七箱，值洋七千三百元。

吳新記扇子廠	男女工十五名	每年製扇子各類五十一箱，值洋六千七百四十四元。
段宏昌扇子廠	男女工十五名	每年製扇子各類四十七箱，值洋六千八百八十九元。

黃岡縣屬工業

義順油廠	男工十名	每年製各種油類三千七百八十担，值洋五萬一千八百九十元。
興順和油廠	男工十二名	每年製各種油類四千五百二十担，值洋六萬一千八百七十元。
袁福興油廠	男工十七名	每年製各種油類六百三十六担，值洋八萬九千〇三十元。
陳永茂油廠	男工十四名	每年製各種油類四千五百八十担，值洋六萬三千〇八十元。
陳仁記油廠	男工十一名	每年製各種油類三千三百十担，值洋四萬五千七百二十元。
殷恒豐油廠	男工十一名	每年製各種油類二千八百二十五担，值洋三萬九千一百元。
傅正興油廠	男工八名	每年製各種油類一千四百六十担，值洋二萬□千五百元。
陳鴻記油廠	男工十五名	每年製各種油類三千一百二十担，值洋四萬三千三百元。

同興油廠	男工十八名	每年製各種油類一千六百三十石，值洋二萬二千八百元。
同泰和油廠	男工十一名	每年製各種油類二千三百五十擔，值洋三萬三千二百元。
張七記油廠	男工十五名	每年製各種油類三千〇四十擔，值洋四萬〇八百元。
陈恒记油厂	男工十四名	每年製各種油類一千九百三十擔，值洋二萬七千二百元。
同泰昌等米厂	男工五十七名	每年製米共一萬三千三百九十擔，值洋六萬六千〇二十元。
柳祥泰糕點廠	男工十一名	每年製糕點二千八百五十擔，值洋二萬四千三百元。
各製水絲煙廠	男工六十一名	每年製水煙各類共七千三百一十七擔，值洋六萬〇七百八十五元。
各種酒類廠	男工三十一名	每年製各種酒共五千三百三十罈，值洋二萬六千五百二十元。
各種油燭廠	男工二十名	每年製油燭共七萬五千一百斤，值洋八千一百五十元。
王大興製香廠	男工十一名	每年製各種香類二十九萬五千五百包，值洋四千二百八十元。
馬春林香粉廠	男工九名	每年製香粉各類三千一百一十斤，值洋三千〇〇五元。
黃裕泰金銀首飾廠	男工九名	每年製金銀首飾共五千〇八十三件，值洋五千二百七十元。

鄧義利鐵鍋廠	男工八名	每年製大小鐵鍋九千七百五十口，值洋六千一百二十元。
塗利順木器廠	男工十一名	每年製各種木器六千一百八十件，值洋四千三百五十元。
王福興陶器廠	男工九名	每年製陶器各類一萬六千二百三十件，值洋二千七百十元。
鼎泰厚錫箔紙廠	男工五十五名	每年製錫箔紙五十三萬張，值洋三萬三千元。
織布廠	男女工一百三十八名	每年製布共九千一百十疋，值洋五萬四千九百元。

蘄春縣屬工業

厚豐織染布疋廠	男女工四十三名	每年製染布疋各類五千七百〇二疋，值洋九千九百十三元。

蘄水縣屬工業

吳林茂香類廠	男工二十一名	每年製各種香類七十萬〇五千六百袋，值洋一萬〇九百三十八元。
益昌祥蠟燭廠	男工十名	每年製蠟燭四萬〇三百斤，值洋八千八百六十六元。

麻城縣屬工業

余復興蔴菜油廠	男工七名	每年製油二萬三千斤，值洋二千八百六十元。

廣濟縣屬工業

劉復興各種油廠	男工十八名	每年製油九萬九千七百斤,值洋一萬四千二百二十八元。
袁義泰各種油廠	男工十五名	每年製油十萬〇〇二百斤,值洋一萬三千八百五十八元。
韓合記各種油廠	男工十八名	每年製油十二萬〇二百斤,值洋一萬九千〇二十八元。
石添源各種油廠	男工十四名	每年製油八萬七千六百斤,值洋一萬二千三百五十六元。
協康織布廠	男女工三十二名	每年製各種布四千七百五十疋,值洋一萬九千三百九十元。
專染各種布疋廠	男工六十四名	每年染各種布二萬四千〇四十疋,值洋三萬〇六百九十元。
張大興雨傘廠	男女工十七名	每年製雨傘二萬四千把,值洋四千八百元。
祝源盛雨傘廠	男女工十二名	每年製雨傘一萬三千把,值洋二千六百元。
徐源和雨傘廠	男女工十一名	每年製雨傘九千三百把,值洋一千八百六十元。
趙源興雨傘廠	男女工十四名	每年製雨傘一萬三千把,值洋二千六百元。
田榮九石灰廠	男工十四名	每年製石灰一萬一千石,值洋三千三百元。

陳復興石灰廠	男工十名	每年製石灰六千石，值洋一千八百元。
舒允隆石灰廠	男工十二名	每年製石灰九千石，值洋二千七百元。
李太康石灰廠	男工十四名	每年製石灰一萬二千石，值洋三千六百元。
劉森泰石灰廠	男工九名	每年製石灰九千石，值洋二千七百元。
胡祥興石灰廠	男工十名	每年製石灰九千四百石，值洋二千八百廿元。
郭雙興石灰廠	男工十四名	每年製石灰一萬四千石，值洋三千六百元。
石祥發石灰廠	男工十二名	每年製石灰一萬三千石，值洋三千九百元。
柯大興石灰廠	男工八名	每年製石灰七千石，值洋二千一百元。
復興洋襪廠	男工十三名	每年製洋襪二千四百打，值洋二千四百元。

隨縣縣屬工業

官商合辦貧民工廠	男女工四十一名	每年製各種布疋二百十五疋，值洋三百四十八元。

應山縣屬工業

專製各種油廠	男工共一百六十九名	每年製各種油類共四十三萬五千〇二十斤，值洋六十五萬〇九十九元。

專造各種酒廠	男工共一百五十九名	每年製各種酒類共五十二萬一千四百六十斤，值洋四萬四千七百七十元。
專造米糖廠	男工共五十名	每年製米糖共四萬六千六百九十斤，值洋二千四百六十五元。
專織棉布廠	男女工共一百十五名	每年共織布十二萬三千三百八十疋，值洋二十一萬二千二百十四元。
同茂源磚瓦廠	男女工十一名	每年製磚瓦五十七萬四千塊，值洋一千四百八十二元。
大興玉記磚瓦廠	男女工十二名	每年製磚瓦五十二萬六千塊，值洋一千三百七十八元。
曹義盛磚瓦廠	男工七名	每年製磚瓦五十五萬五千塊，值洋一千五百六十五元。
李公盛磚瓦廠	男工六名	每年製磚瓦四十九萬一千塊，值洋一千二百八十三元。
盛茂太磚瓦廠	男女工九名	每年製磚瓦五十五萬七千塊，值洋一千四百六十三元。
怡昌厚磚瓦廠	男女工八名	每年製磚瓦六十五萬五千塊，值洋一千四百五十四元。
專造粗紙廠	男女工共三十名	每年製粗紙共二萬〇五百二十刀，值洋一萬〇二百六十元。
專造銅錫器廠	男工共五十一名	每年製銅錫器共五百〇四件，值洋一千二百四十七元。

第十一節　襄陽道屬工業總調查

鍾祥縣屬工業

專染各色布疋廠	男工共九十六名	每年製染各色布共七萬四千二百六十疋，值洋十三萬〇八百九十元。
專製各種油廠	男工共五十六名	每年製各種油類共四十四萬三千一百斤，值洋六萬四千九百六十元。
福記金堂捲煙廠	男女工八名	每年製捲煙十六萬二千四百封，值洋六千六百元。
徐興記金堂捲煙廠	男女工十四名	每年製捲煙一萬一千七百盒，值洋一萬二千二百四十元。
福泰合棉竹布襪廠	男女工八名	每年製棉竹襪二萬三千二百雙，值洋四千二百元。

襄陽縣屬工業

啓新織布廠	男女工十三名	每年製各種布類八百六十疋，值洋三千六百九十五元。
專造金棠捲煙廠	男工共七十五名	每年製捲煙共九萬四千三百匣，值洋一萬四千一百〇四元。

宜城縣屬工業

專織絲棉市食民大工廠	男女工五十三名	每年製各種絲棉布二千三百十三疋，值洋五千六百五十九元。

光華縣屬工業

專織洋棉布貧民工廠	男工二十二名	每年製各種洋棉布三千二百疋，值洋七千元。

穀城縣屬工業

專造斗紙廠	男工六十五名	每年製斗紙共十萬〇〇五百塊，值洋二萬二千二百元。
專造各種油廠	男工二十二名	每年製各種油類共九萬斤，值洋一萬二千元。
宋全興油燭廠	男工七名	每年製各種燭類二萬三千斤，值洋三千八百元。
雙盛合磚瓦廠	男工七名	每年製磚瓦六十萬塊，值洋一萬元。
胡萬盛缸罈廠	男工七名	每年製缸罈一萬件，值洋五千元。

竹谿縣屬工業

專造布疋貧民工廠	男工四十二名	每年製各種布疋九千九百疋，值洋一萬一千五百五十元。

保康縣屬工業

專造各種油燭廠	男女工一百三十四名	每年製各種油燭類九萬六千一百斤，值洋一萬四千〇五十元。
專造各種油廠	男女工一百四十名	每年製各種油類八萬七千五百斤，值洋一萬二千九百一十四元。

專造火紙廠	男女工三百四十四名	每年製火紙共九萬七千八百塊，值洋四萬九千三百五十元。

當陽縣屬工業

華興絲質紡綢廠	男工五名	每年製紡綢二千〇六十疋，值洋一萬一千八百元。
美利絲質綢絹廠	男工四十三名	每年製綢絹各類二千〇二十疋，值洋一萬四千七百六十元。
利華公棉質布廠	男女工十一名	每年製各種布類二千九百六十疋，值洋四千〇三十元。
繆全興鐵質罐頭廠	男工九名	每年製鐵罐爐各類三萬四千九百五十五個，值洋七千五百五十三元。
童新盛鐵質罐頭廠	男工十名	每年製鐵罐爐各類三萬三千六百二十九個，值洋六千七百四十二元。

第十二節　荊南道屬工業總調查

江陵縣屬工業

荊沙貧民工廠	男女工一百五十名	每年製各種布疋綢緞共五百五十疋，值洋二千二百七十五元。
貧民工廠	男女工一百〇五名	每年製各種花布六千疋，值洋一萬八千四百元。

興華絲織物廠	男女工十八名	每年製紗羅、腰巾、絲帶各類一萬四千三百八十條,值洋四千一百七十五元。
張積盛荆緞廠	男工三十九名	每年製各種絲物一千八百二十丈,值洋九千九百五十六元。
鴻發錫工廠	男工十五名	每年製粗細錫器七千三百六十件,值洋九千二百元。
崇實印刷廠	男工十五名	每年製印刷各類六千〇五十四種,值洋四千七百四十六元。
王永興絲織物廠	男工三十名	每年製紗羅、腰巾、絲帶各類三萬二千八百五十六條,值洋七千二百二十八元。
益記棉布廠	男女工六十五名	每年製各種布類五千六百七十八疋,值洋三萬二千二百九十九元。
寶成金銀飾廠	男工四十四名	每年製金銀首飾七千〇六十九兩,值洋十一萬九千六百二十六元。
同震金銀飾廠	男工六十七名	每年製金銀首飾三萬二千一百五十八兩,值洋四十四萬七千七百八十四元。
丹鳳金銀飾廠	男工二十九名	每年製金銀首飾六千一百七十二兩,值洋八萬七千六百三十七元。
美觀縫工廠	男女工二十二名	每年製中西服類九百三十件,值洋八千一百九十五元。

鳳儀衣襪廠	男女工十五名	每年製衣襪一萬一千四百七十八雙，值洋八千七百七十七元。
彩雲繡工廠	男女工十六名	每年製繡貨各類七百件，值洋六千一百十元。
左鴻發絲織廠	男工十四名	每年製紗羅、腰巾、絲帶各類一萬七千四百八十二條，值洋三千一百九十八元。
信義麵粉工廠	男女工四十二名	每年製麵粉四萬五千一百〇六斤，值洋三萬五千七百八十六元。
雲錦棉布廠	男工七名	每年製各種布類二千七百六十疋，值洋一萬七千五百二十八元。
江陵縣監獄工廠	男工四十一名	每年製各種布類一千二百疋，值洋三千元。
旗民生計事務所布廠	男女工四十五名	每年製各種布類一萬一千八百五十疋，值洋一萬四千一百四十元。

監利縣屬工業

傅義興棉布廠	男工三十五名	每年製各種布類一千〇十八疋，值洋九千一百四十九元。
長發磚瓦廠	男工十三名	每年製磚瓦十三萬一千六百六十塊，值洋四千〇三十元。

松滋縣屬工業

專造皮梓油廠	男工共七十六名	每年製皮梓油共二十三萬七千斤，值洋四萬四千三百元。

枝江縣屬工業

專造各種油廠	男工共三百七十名	每年製各種油類共二萬三千八百二十五担，值洋十八萬八千二百九十元。
專造石灰廠	男工六百八十三名	每年製石灰共九十五萬一千二百担，值洋三十八萬七百四十元。
皮均和棉布廠	男工二十八名	每年製各種布類三千七百疋，值洋一萬九千四百元。
振興棉布廠	男工二十四名	每年製各種布類八千八百疋，值洋一萬八千元。

宜昌縣屬工業

荊南道貧民大工廠	男工一百三十九名	每年製織染、捲煙各類三萬四千〇九十三件，值洋一萬二千九百七十五元。
專造各種榨油廠	男工三百三十三名	每年製各種油類共一百一十六萬一千九百斤，值洋一十五萬四千三百〇六元。
專造各種捲煙廠	男工四十二名	每年製各種捲煙共二萬八千六百九十斤，值洋一萬一千七百八十六元。

專織布疋廠	男女工七十六名	每年製各種布類一萬六千〇八十疋，值洋四萬九千四百六十元。
寶成金銀首飾廠	男工十二名	每年製金銀首飾二千五百三十五兩，值洋二萬二千三百八十五元。
天寶誠金銀首飾廠	男工九名	每年製金銀首飾一千七百二十兩，值洋一萬四千八百元。
鳳祥金銀首飾廠	男工八名	每年製金銀首飾一千三百六十兩，值洋一萬三千七百十元。

長陽縣屬工業

專造斗方紙廠	男女工共四十四名	每年製斗方紙共二十萬〇一千五百塊，值洋一萬九千九百五十元。
專造皮紙廠	男女工共十八名	每年製皮紙共一千六百塊，值洋三千二百元。

第五章 商 務

第一節 七年度海關農產物輸出入湖北數量

　　原表詳通商各國如俄國、日本、朝鮮、香港、美國、英國、印度、新嘉坡、法國、暹羅、土坡埃、坎拿大、爪哇、菲利濱、安南、義國、丹國、澳國、海防、台灣、緬甸等埠，以及中國各省比較甚詳，足爲全國與世界比較之考證。詳繹商務原理，貿遷有無，原無省疆之界限，但吾國輸出農產品實佔商務總額之六七，湖北產量已詳第一章，至銷路若干，似根據此表較爲精確，故擇錄之以貢研究實業者裨有依據也。

稻米　六年分湖北出口數百萬餘擔，七年陡減爲四萬餘石，其相差之數懸殊太遠矣。

小麥　小麥出口向以湖北、吉林爲最多，五、六兩年均達百萬擔以上，七年分湖北出口幾達二百萬擔之多。

大麥　吾國大麥產量甚微，五、六兩年出口之數較多者爲吉林、湖北兩省，然均不過數十萬擔或數萬擔耳。七年分湖北省出口大麥僅兩千擔，比較銳減九倍，而吉林大麥反銳增輸入三倍。

大豆　吾國農產物品向以大豆輸出外洋爲最多，尤以奉、吉兩省爲最著。三、四兩年輸出之量均達七百萬擔以上，五、六二年雖見減少亦均在四百萬擔以上，七年分奉天略有增加，吉林微見減少，湖北一省亦輸出八十萬擔左右。

棉花　棉花出口數量湖北歷年有加無減，民國二年不過二十餘萬擔，

五、六兩年即增至八十餘萬擔，七年分突過百萬擔矣。江蘇、直隸、浙江、江西、山東雖有輸出之增加，其數俱在湖北之次。

烟草　烟草出口首推江西、湖北、廣東三省，五、六兩年出口之數均各在十萬擔以上，本年亦與之相埒。

芝蔴　芝蔴出口向推湖北、江蘇，次則奉天、廣東，非江蘇、廣東進口之數恒超過出口。近三年來進口數量雖見減少而出口之數亦與之俱減，湖北出口數量五年爲八十餘萬擔，六年亦有三十餘萬石，七年分出口僅有一萬餘石，可謂一落千丈矣。

蠶豆　蠶豆出口湖北爲多，江蘇次之。五、六兩年湖北出口之數均在七八十萬擔以上，七年分陡減一半而輸入之增加與五、六年比較則不可以道里計矣。

觀以上輸出入之增減，年有變遷，隨時勢之流潮而現求供贏絀之象耶，抑有人力操縱於其間耶。商學深微，商戰激烈，吾人當加之意也(編者識)。

截錄湖北農產物輸出入表。

種別	關別＼輸別	宜昌	沙市	江漢	合計
稻米	外洋出口				
	外洋入口				
	內埠出口	5 186.00		28 615.00	☑
	內埠入口	1 824.00		90 428.00	5252.00

續表

種別	關別＼輸別	宜昌	沙市	江漢	合計
小麥	外洋出口				
	外洋入口				
	內埠出口	14 464.00	114.00	223 000.00	226 917.00
	內埠入口	3 514.00		58 397.00	61☐.00
大麥	外洋出口				
	外洋入口				
	內埠出口			2 387.00	2 387.00
	內埠入口	113.00			113.00
大豆	外洋出口			258.00	258.00
	外洋入口				
	內埠出口	1 558.00		7 102.00	761 787.00
	內埠入口	382.00		☐	1 766.00
棉花	外洋出口			72 324.00	72 324.00
	外洋入口				
	內埠出口	☐	☐	☐	11 000.00
	內埠入口	☐		115 050.00	1☐5 075.00

续表

种别	关别＼输别	宜昌	沙市	江汉	合计
烟草	外洋出口			192.00	192.00
	外洋入口		☒	☒	217
	内埠出口	169.00	33.00	152 958.00	153 280.00
	内埠入口	☒	☒	☒	36 716.00
芝麻	外洋出口			1 858.00	1 858.00
	外洋入口				
	内埠出口		469.00	13☒	☒ 072.00
	内埠入口				
蚕豆	外洋出口			1 711.00	17 119.00
	外洋入口				
	内埠出口			94 271.00	94 271.00
	内埠入口			26 192.00	29 192.00

录原表书后

不持兵而杀人者，凶荒、水旱是已。凶荒、水旱之杀人，天也，天之所祸，人焉能避之。然为人事之谋者，犹竭智尽虑冀尽人力以胜天。若夫雨旸时，若岁榖丰登，无水旱、凶荒之奇厄而年年杀人累千百，朝野上下，熟视若无睹，愁非大惑不解者也？我国主食为榖，日以升计，无一升之米则一人饥，无一斗之米则十人饥。今有人攘我二千石之米，是使我二十萬人柅服而斃也。然而斃者自斃，而未斃者仍熙熙以游，漠然如秦、越，則已斃者雖多，而未審其所以斃由米穀之缺乏而然。此五年間農產物輸出入總數比較表之所由作也。試觀外米進口之數，每年均數百萬擔，視前清宣統年間增至數十萬倍，是一日之間驟增數百萬人之食。試思外米未來之前我國之民曷嘗不食，食又何嘗不飽？何以一旦外米進口而仰給者如是之衆也？必其外國人恒不惜此代價以求食於異國則亦可耳。苟數年之後並此購食之力而無之，是今日僥倖以求生者不啻日日自戕其生已。又不然，設外人知我國財力已竭，顧而之他，則今日之殘喘苟延者且立為溝中之瘠，是非於水旱之外，重增一殺人機械歟。不惟米也，近數年來大豆出口與稻米進口其數相若，差強人意，僅此耳。不謂民國四年突然增一百五十萬石之外，六年大豆出口雖少見增加，然輸入之數較之五年頓增一倍，七年外豆雖減少而輸出之數亦隨之衰落，再後數年不又將倒灌以入乎？至於棉花一項，歷年輸出入之數差足相抵。七年外棉較五、六年為稍殺，所可幸者輸出之數視從前幾增一倍，此雖近數年來提倡之效，亦足以覘吾國之地力非不厚也。吾國人倘能極力振作，則其他農產物之發展又何患不凌駕外人而上之耶？噫！農為工商之本，倚賴於農者知農之將斃而故諱之則農且斃，農斃而倚賴於農者亦斃，此則不得不重言之以申儆國人者也。吾願覽斯表者三致意焉。

　　按前表書後以米糧倒灌進口為慮，慮之誠是，但各關統計所列進口數目仍多有由中國口岸此出彼進者，顧難區分涇渭也(編者識)。

第二節　歐戰後湖北之商務

第一目　采錄漢口商會之報告

(世界戰爭輸入商品減少商業發達狀況)日本乘機輸入貨物最多。漢口一埠，商務之發達應以日本爲最，而我國工廠仰賴外人機械等物因運道不通反形虧折，倘有急需之機械及原料又不能不轉而仰給於日本，是西洋商品輸入較少而東洋商品輸入轉多也。

（各地商幫之狀況）漢口商業大小共約一百四十餘幫，其與市面最有關係者錢幫與絲、油花、蔴、米、布、雜糧、牛皮、山貨、藥材等幫，緣各幫貨物盈虛不時，間兌亦需要無定，有時款多於貨則存款錢幫以生息，有時貨多須欵即向錢幫折息。辛亥以前放欵之期較長，近來銀期縮短，最虧折者票幫、茶幫一蹶不振。現在市面錢價定盤，每日齊集錢業公所通籌各家銀錢數目，買賣交易所成之盤即作本日定價。然每月以陰曆初一、十五爲比期，端午、中秋、年關爲大比期，常有一日兩價者，多在此期間也。

（戰時及戰後各國仰給我國糧食原料及他種貨物之狀況）糧食中如蠶豆、黃豆、小麥、芝蔴等類，原料中如絲、油花、蔴、烟草、牛皮、鷄蛋等類，德國實行潛水艇時暨戰後歐洲船舶缺乏，運輸不便，不獨未能增加而且反形縮減，行銷日本者極多，行銷俄國者較少。現在歐戰告終，較有恢復希望。

民國七、八兩年分由漢口輸出至外洋及上海等埠貨物表

貨名	年別	數目	貨名	年別	數目
苧蔴	七年	183 025 石	蠶餅	七年	40 729 石
	八年	266 302		八年	622 720
蛋白	七年	50 962	豆餅	七年	884 942
	八年	29 082		八年	2 085 157
蛋黃	七年	74 226	黃牛皮	七年	199 698
	八年	116 907		八年	119 886

續表

貨名	年別	數目	貨名	年別	數目
銻	七年	41 887	水牛皮	七年	39 086
	八年	24 017		八年	42 562
生銻	七年	105 487	雜皮	七年	價銀 633 310 兩
	八年	111 731		八年	價銀 868 118
黃豆	七年	692 787	木油	七年	784 930 石
	八年	784 702		八年	1 497 065
綠豆	七年	62 960	牛油	七年	62 980
	八年	153 827		八年	81 991
菜油	七年	189 516	山羊皮	七年	3 396 182 塊
	八年	241 246		八年	4 602 350
麻油	七年	19 584	麝香	七年	154 斤
	八年	54 325		八年	81
豆油	七年	41 402	水銀	七年	2 471 石
	八年	81 459		八年	919
茶油	七年	8 472	藥材	七年	值銀 1 146 955 兩
	八年	21 550		八年	值銀 1 204 297

續表

貨名	年別	數目	貨名	年別	數目
土 紅	七年	24 446	大 黃	七年	2 460 石
	八年	29 686		八年	12 209
綠 茶	七年	20 901 石	姜 黃	七年	8 741
	八年	101 400		八年	11 402
紅 茶	七年	不詳	信 石	七年	12 264
	八年	40 789		八年	13 154
茶 甎	七年	165 122	青 礬	七年	53 574
	八年	57 959		八年	17 611
小京茶甎	七年	20 899	石 膏	七年	535 899
	八年	30 139		八年	375 762
土茶末	七年	38 841	白 臘	七年	1 198
	八年	27 656		八年	1 208
黃 臘	七年	3 057	蓮 子	七年	17 916
	八年	1 452		八年	22 707
五倍子	七年	42 343	小 麥	七年	1 813 615
	八年	52 864		八年	2 337 162

續表

貨名	年別	數目	貨名	年別	數目
茯苓	七年	23 443	麫粉	七年	202 396
	八年	39 251		八年	127 939
絲	七年	10 429	粉絲	七年	17 026
	八年	10 100		八年	15 133
繭	七年	14 991	木耳	七年	29 895
	八年	12 240		八年	18 868
河南綢	七年	3 048	菸草	七年	137 110
	八年	5 208		八年	246 399
漢莊布	七年	6 832	紙	七年	463 671
	八年	12 367		八年	75 356
生棉	七年	897 965	煤	七年	419 766 噸
	八年	1 684 410		八年	38 392
芝蔴	七年	198 987	顏料	七年	308 466 石
	八年	1 720 443		八年	53 660
花生	七年	171 468	南漆	七年	56 730
	八年	259 430		八年	27 660

續表

貨名	年別	數目	貨名	年別	數目
生鐵	七年	499 141 噸	銅元合銀	七年	947 865 兩
	八年	1 790 357		八年	596 135
鍋	七年	35 454 石	銀元合銀	七年	888 691
	八年	17 424		八年	1 588 193
鷄蛋鴨蛋	七年	37 482 米粒	紋銀	七年	430 144
	八年	96 755		八年	1 200 137
柿	七年	5 036 石	牛角	七年	5 654 石
	八年	6 652		八年	2 472
豬鬃	七年	26 837	水泥	七年	不詳
	八年	56 911		八年	39 720 石
花生油	七年	14 727	棕	七年	不詳
	八年	98 231		八年	110 石
瓜子	七年	214 844			
	八年	4 739			
木柱	七年	655 607 根			
	八年	834 784			
牛骨	七年	146 247 石			
	八年	182 992			

民國七、八兩年分由外洋及上海等埠輸入漢口貨物表

貨名	年別	數目	貨名	年別	數目
洋布	七年	920 416 疋	法蘭絨	七年	83 160 碼
洋布	八年	1 407 297	法蘭絨	八年	63 800
粗布	七年	131 890	絨布	七年	587 143
粗布	八年	10 444 153	絨布	八年	695 225
斜紋布	七年	351 328	花剪絨	七年	192 286
斜紋布	八年	390 983	花剪絨	八年	254 528
扣布	七年	46 328	棉帆布	七年	597 966
扣布	八年	56 328	棉帆布	八年	994 051
棉布	七年	537 781	蜜餞	七年	2 647 石
棉布	八年	648 257	蜜餞	八年	5 276
印花布	七年	105 636	棉紗	七年	387 765
印花布	八年	106 808	棉紗	八年	372 624
羽毛	七年	21 451	手巾	七年	271 774 打
羽毛	八年	9 197	手巾	八年	413 276
羽綾	七年	16 616	洋襪	七年	326 418
羽綾	八年	13 461	洋襪	八年	613 180

续表

货名	年别	数目	货名	年别	数目
洋麵	七年	4 820 石	白糖	七年	94 186 石
	八年	2 523		八年	32 068
鋼器	七年	118 091	車糖	七年	720 100 石
	八年	101 923		八年	402 940
鉛器	七年	72 296	冰糖	七年	41 215
	八年	54 408		八年	35 975
銅器	七年	47 808 石	顏料	七年	值銀 60 561 兩
	八年	125 374		八年	值銀 378 033
鐵器	七年	183 453	洋靛	七年	17 429 石
	八年	379 308		八年	15 562
馬口鐵	七年	32 933	機器	七年	值銀 550 440 兩
	八年	46 954		八年	值銀 858 654
笋乾	七年	24 345	燈器	七年	值銀 69 590 兩
	八年	26 172		八年	值銀 107 256
土菸	七年	24 842	電料	七年	值銀 146 135 兩
	八年	93 723		八年	值銀 398 653

续表

货名	年别	数目	货名	年别	数目
菸捲	七年	1 692 271 千枝	機油	七年	370 945 加侖
	八年	1 252 530		八年	2 633 819
赤糖	七年	504 054 石	煤油	七年	15 831 963 加侖
	八年	237 904		八年	26 602 795
火柴	七年	317 876 格羅斯	洋紗	七年	35 161 斤
	八年	304 723		八年	32 732
鹽	七年	45□26 石	胡椒	七年	11 020 石
	八年	104 814		八年	21 386
扇	七年	20 219 874 把	玻璃	七年	30 310 箱
	八年	4 260 628		八年	25 249
蓖麻油	七年	4 756 石	料器	七年	值銀 45 638 兩
	八年	5 864		八年	值銀 10 423
墨魚	七年	17 102 石	冬帽	七年	27 979 頂
	八年	15 397		八年	不詳
海帶	七年	143 840 石	夏帽	七年	148 180 頂
	八年	146 469		八年	不詳

續表

貨名	年別	數目	貨名	年別	數目
啤酒	七年	132 469 打	帽	七年	不詳
	八年	49 204		八年	53 013 頂
藥材	七年	值銀 637 220 兩	綢緞	七年	11 097 石
	八年	值銀 696 020		八年	2 050
桂枝	七年	12 040 石	草蓆	七年	826 068 床
	八年	5 542		八年	896 783
燕窩	七年	12 891 斤	布傘	七年	212 566 把
	八年	12 898		八年	461 026
洋鹼	七年	35 385 石	紋銀	七年	3 882 229 兩
	八年	104 764		八年	9 064 446
肥皂	七年	61 641 石	銀元合銀	七年	4 097 270 兩
	八年	58 659		八年	2 583 344
書籍	七年	1 679	銅元合銀	七年	994 711
	八年	1 743		八年	1 031 543
洋紙	七年	149 511	中外茶	七年	34 106 石
	八年	102 931		八年	54 501

續表

貨名	年別	數目	貨名	年別	數目
鐘	七年	22 489	各種布袋	七年	4 218 463 個
	八年	20 779		八年	7 817 783
燭	七年	21 444	日本鐵軌	七年	163 134 條
	八年	16 944		八年	103 124
洋蓼	七年	2 032	香皂	七年	不詳
	八年	414		八年	值銀 39 448 兩
被面	七年	44 644 床	洋表	七年	不詳
	八年	40 318		八年	160 隻
針	七年	545 574 千枝	魚肚	七年	不詳
	八年	796 180		八年	360 石
水泥	七年	136 150 石	紫銅錠	七年	不詳
	八年	16 457		八年	3 180 石
棉手套	七年	不詳	瓜子	七年	不詳
	八年	450 托		八年	3 361 石

民國七、八兩年分從宜昌等埠進口輸入漢口貨物表

貨名	年別	數目	貨名	年別	數目
硃砂	七年	57 石	生銻	七年	33 006 石
	八年	455		八年	104 678
黃牛皮	七年	38 547	鋅礦	七年	82 880
	八年	42 950		八年	161
水牛皮	七年	15 910	夏布	七年	1 438
	八年	18 557		八年	4 525
牛油	七年	6 238	黃臘	七年	150
	八年	4 529		八年	164
菜油	七年	26 843	山羊皮	七年	67 690 塊
	八年	17 946		八年	255 550
木油	七年	160 456	豬鬃	七年	5 556 石
	八年	159 593		八年	8 459
五倍子	七年	25 868	芝蔴	七年	11 041
	八年	16 312		八年	7 879
蓮子	七年	4 113 石	大黃	七年	881 石
	八年	4 500		八年	806

續表

貨名	年別	數目	貨名	年別	數目
姜黃	七年	3 668	水銀	七年	1 974
	八年	11 504		八年	1 638
白蠟	七年	950	藥材	七年	值銀 368 939 兩
	八年	1 115		八年	值銀 469 049
小麥	七年	75 730	赤金	七年	23 340 兩
	八年	50 359		八年	135
棉花	七年	109 253	紋銀	七年	4□3 165 兩
	八年	42 772		八年	1 558 213
苧麻	七年	18 519	銀洋合銀	七年	673 036 兩
	八年	29 286		八年	320 476
南漆	七年	8 1□0	銅元合銀	七年	644 965 兩
	八年	7 929		八年	3 294 004
牛角	七年	不詳	草紙	七年	不詳
	八年	1 953		八年	6 592 石
蠶豆	七年	不詳	菸葉	七年	不詳
	八年	3 509 石		八年	43 石

續表

貨名	年別	數目	貨名	年別	數目
湘煤	七年	不詳	棉羊毛	七年	不詳
	八年	1 300 噸		八年	651 石
鉛	七年	不詳		七年	
	八年	1 432 石		八年	
洋布	七年	131 427 疋	印花布	七年	19 759 疋
	八年	187 749		八年	8 784
粗布	七年	605 650	斜文布	七年	53 862
	八年	54 979		八年	24 762
棉布	七年	87 420	協和布	七年	28 016 碼
	八年	96 717		八年	7 230
瓜子	七年	9 402 石	洋麪	七年	26 379 石
	八年	6 606		八年	41 596
被面	七年	1 048 床	羽綾	七年	1 649 疋
	八年	3 450		八年	2 727
洋傘	七年	不詳	棉紗	七年	163 642 石
	八年	25 214 把		八年	165 766

续表

货名	年别	数目	货名	年别	数目
洋袜	七年	38 168 打	水泥	七年	121 102 石
	八年	95 684		八年	36 203
绒布	七年	169 141 码	菸捲	七年	269 708 米粒
	八年	103 794		八年	174 583
灯具	七年	值银 19 442 两	五金杂货	七年	133 071 石
	八年	值银 10 174		八年	72 414
洋靛	七年	5 931 石	机器	七年	值银 122 509 两
	八年	4 036		八年	值银 238 908
洋碱	七年	46 088 石	墨鱼	七年	930 石
	八年	19 003		八年	937
煤油	七年	4 781 480 加仑	海带	七年	11 229 石
	八年	23 532 232		八年	10 561
机器油	七年	57 100 加仑	冬帽	七年	474 顶
	八年	91 964		八年	9 806
洋烛	七年	5 228 石	车糖	七年	81 214 石
	八年	2 345		八年	86 854

續表

貨名	年別	數目	貨名	年別	數目
電料	七年	31 991 石	冰糖	七年	6 264
	八年	值銀 133 910 兩		八年	5 894
肥皂	七年	12 833 石	紅糖	七年	25 937
	八年	19 982		八年	5 164
針	七年	154 817 米粒	白糖	七年	5 537
	八年	97 246		八年	3 577
各種布袋	七年	233 915 隻	火柴	七年	209 034 格羅斯
	八年	4 625 119		八年	48 424
啤酒	七年	12 034 打	顏料	七年	不詳
	八年	15 141		八年	值銀 32 787 兩
桂枝	七年	1 049 石	草席	七年	不詳
	八年	1 059		八年	9 300 石
藥材	七年	值銀 314 960 兩	鹽	七年	不詳
	八年	值銀 357 559		八年	123 887 石
玻璃	七年	5 948 箱	夏布	七年	不詳
	八年	5 662		八年	13 石

續表

貨名	年別	數目	貨名	年別	數目
手巾	七年	36 051 打	笋乾	七年	值銀 4 729 兩
	八年	45 093		八年	707 石
白礬	七年	2 568 石	紋銀	七年	377 014 兩
	八年	517		八年	623 174
銀洋合銀	七年	2 518 537 兩	扇	七年	不詳
	八年	1 425 862		八年	195 600 把

七、八兩年分各國幣兌換關平銀之價值

（英磅）　　七年最高額四兩二錢　最低額三兩二錢

　　　　　　八年最高額三兩八錢　最低額二兩一錢四分

（法佛郎）　七年最高額一錢五分　最低額一錢二分

　　　　　　八年最高額一錢四分　最低額五分

（俄盧布）　七年最高額一錢八分　最低額五分

　　　　　　八年最高額一錢八分　最低額無市

（德馬克）　七年最高額二錢一分　最低額一錢七分

　　　　　　八年最高額二錢　　　最低額無市

（美金）　　七年最高額八錢九分　最低額六錢三分

　　　　　　八年最高額八錢三分　最低額六錢一分

（日本銀元）七年最高額四錢六分　最低額三錢七分

　　　　　　八年最高額三錢七分　最低額三錢

（印度入匹）七年最高額三錢四分　最低額二錢五分

　　　　　　八年最高額三錢一分　最低額二錢七分

以上俱一數爲單位合算。

第二目　采錄漢陽商會之報告

漢陽市場有蔡甸、黃陵磯、漢陽城三處。蔡甸、黃陵磯距離漢陽皆係六十里，交通俱小火輪，尚稱便利。至主要行號如機器廠、碾米廠、榨油廠、製酒廠、翻砂廠、軋棉花廠、織布廠、錢店。如主要貨物即米、布、油、棉、鐵砂，行銷尚暢。從前織布、碾米、軋棉、榨油多用木機、木軋，拙笨不靈，產貨較少，現在多改用機器，一日之力，一人之工，較從前實增百倍。至商人生活及知識實鮮進步，亦教育未能遍及，交際上無非采用習慣而已。

第三目　湖北官錢局與造幣廠

湖北全省金融以及漢口、宜昌、沙市、武穴等商埠市面幾以湖北官錢局紙幣爲一種流通主要之替代，輔助紙幣之流通，厥仰給造幣廠。此項紙幣之準備全係指定大冶象鼻山之鐵鑛。自民國肇造至今，幾成一種不換紙幣，但市面信用時與當二十銅幣價額相埒，比較當十銅幣略遜。如茶、麻、棉、油上市則此項紙幣價額常高，每當臘尾春頭生意較簡之時，則此項紙幣價額常低，若遇兵燹，跌落必更甚於生意清減之時。據官錢局報告，結至民國八年十月止，計一串文之紙幣共有六千八百九十七萬六千四百零八串流通市面，若五串之幣、十串之幣、一元之幣、五元之幣、十兩之幣俱經陸續收儲，不再發行矣。據云：戰後外國貨幣價額跌落之原因，實係各國戰爭之時、戰爭之後不能以貨物交易，多以純金交易，則各國貨幣流行於我國市面日多一日，以致金價大跌，百貨騰貴，亦供過於求，生此反響也。外國貨幫並經我國銷毀者甚多，至若市面金融習慣若銀元、銅元、紙幣之交易仍俱折合估銀計算，是以生銀爲主，銀元、銅元、紙幣爲輔也。據銅幣局報告，本廠鼓鑄銀幣可日成十二萬元，當十銅元可成九十萬枚，當二十銅元可成八十萬枚。八年分總額共鑄銀幣二千萬元，銅幣五百萬串。歐戰之後銅價日昂，官錢局購辦制錢提鍊改鑄甚多，因而湖北制錢日見稀少，自銅元流行之後，人民亦覺較制錢使用爲便，亦銅幣進化之階級也。

第四目　采錄京漢鐵路之報告

（沿革及組織）始名蘆漢，繼改京漢，張文襄於前清光緒十五年八月奏准開辦，延至光緒二十二年始由直、鄂兩督奏設鐵路總公司於滬，籌基金一千三百萬兩，後於光緒二十四年與比公司訂立合同借英金四百五十萬磅，建築工程及行車權俱由比人派員管理。二十六年兵燹之後始由蘆溝橋修至前門，光緒三十一年十月黃河橋工告竣，光緒三十二年三月二十三日全路通車。光緒三十四年由度支部募集公債，又向匯豐銀行借英金五百萬磅將路贖回，是年十二月初一日由比公司交還管理權，註銷各項合同，同時又將高碑店至梁格莊支路併歸幹路。

（工事）軌道距離一公尺又四十四公寸。北京前門至西便門、漢口玉帶門至諶家磯俱修雙線。爲保行車安全，特設電機路籤，各站安設進站號誌。

京漢幹路線計長一千二百一十五公里。

枝路　高碑店至梁格莊　計長四十三公里。
　　　蘆溝橋至豐台　計長八公里。

統計全路枝幹各綫共長一千四百一十七公里。

全路工程以黃河橋最艱鉅，橋長計三千公尺，其次則黃河南岸武勝關兩隧道也。

（營業）貨物以煤鹽、河南糧食爲大宗，開車之始每月收入平均五十八萬有奇，現在每月平均約二百萬。民國四年爲歐戰之第二年，營業欸目列表於左。

年分	全年收入	全年支出	盈餘數目
四年	17 141 095 元	7 120 173 元	10 020 922 元
五年	20 466 622	7 027 542	13 439 080
六年	18 750 636	7 009 225	11 741 411
七年	23 822 621	7 977 853	15 844 768

所列盈餘之數未經除去借款、利息及各項特別用款。

(車輛設備)(機車)共分三種：(一)運客機車。(二)運貨機車。(三)調車機車。共一百三十九輛。

客車共分十三種：

(一)花車九輛。

(二)頭等坐臥車十輛。

(三)頭等臥車四輛。

(四)二等客車十輛。

(五)二等臥車四輛。

(六)頭、二等聯合車十八輛。

(七)三等客車七十七輛。

(八)二、三等守車聯合車十四輛。

(九)膳車八輛。

(十)厨車十二輛。

(十一)行李車二十輛。

(十二)郵車四輛。

(十三)電燈車十輛。

以上共十三種計二百輛，能容客九千三百四十四人。

蓬車共六百二十一輛(計分二十、四十、十五噸三種)。

廠車共一千五百二十二輛。

石子車共三百五十四輛。

馬車共九十四輛。

平車二十輛。

專用鷄、鴨、煤油車二十三輛。

守車五十輛。

以上七種貨車計共二千六百八十四輛，負載力計共五萬六千〇六十五噸。

業務車八種共計四十一輛。

(輸出)京漢沿線所產農作物完全供給各大城市居民食用居多。山西、河南兩省礦砂多半運往天津，尚有大宗棉花亦運往天津。至運漢口之貨，鷄蛋、鴨子、猪、芝蔴、花生、牛皮、雜糧等項爲大宗，此等貨物大半由漢口輸出外國也。

第五目　采錄漢陽鐵廠之報告

漢陽鐵廠沿革，位置組織暨化鐵、製鋼、軋鋼各情形已詳編入工業一章，茲不復贅，若歷年鐵價營業暨將來之希望屬於商況者，照錄於左。

(一)歷年鋼鐵價之情形

我國製造未興，鋼鐵銷路不暢，漢廠開設伊始重在打通銷路，故售價從廉。前清時生鐵最低價每噸只二三十兩，鋼貨五六十兩至百餘兩不等。民國以來銷路較廣，生鐵可售三十餘兩，鋼貨可售七八十兩至一百五十兩左右。歐戰之最後一二年價值驟增，然爲時未久，歐戰已停，價復大落而銷路猶滯，今幾無人問津矣。所冀國家局勢早定，百工奮興，則鐵業前途或有轉機也。

(二)歷年營業之盈虧

本廠營業以生鐵爲大宗，鋼貨次之。初辦時出貨少，售價廉，折閱甚巨。商辦後大加擴充，漸有起色，然截至民國四年止，尚虧銀約三百萬兩。幸歐戰時鐵價大昂，自民國五年起至七年止，此三年中抵去前虧，尚得有盈餘，然歐戰千載一時之機耳，爾後市價銳減，維持殊不易易矣。

(三) 將來之希望

新世界之國，考其製鐵之噸數即可知其發達之程度。我國除本溪湖設有製鐵廠外，本廠已屬孤立。而本廠年出生鐵僅達十五萬噸，以中國幅員之廣、人口之衆，當然供不應求，然而事竟有出人意表者，則以鋼貨生鐵每多積滯，除行銷外，國之人偶有所需，寧購自外洋，不加主顧。此其故，一在創辦費多，成本過重，售價雖力徒賤，然較外貨稍昂；一在商力終屬有限，政府不予提攜，難望發展；一在借用外債年息過重，愈形虧折。辛亥改革以還，敝公司以爲國體變更，百務待舉，鋼鐵事業發達正未可期，於是議決於長江下游適宜之地添建新廠，即今大冶鐵廠也。建設大煉鐵爐兩座，年可煉鐵約估二十萬噸，是漢、冶兩廠共年煉生鐵三十餘萬噸。新廠專煉生鐵，暫不煉鋼，俟將來獲利稍豐，經營鋼廠。新廠開爐期約在九年度，此將來之計劃有成者。惟各國工廠均以政府保護爲前提，曩者健曾上書交通部，請仿照奧國保護提倡鐵業成法以期稍事擴充，當道諸公或蒙采納，將來之重要希冀其在斯乎。

第六目　中華鐵器公司(即漢陽針釘廠)之報告

陳苒芝、劉傑秋，中華鐵器公司之代表也，承租針釘廠舊址以及機器，期以十五年。租時機器銹壞甚多，據報該廠針機每日速率原可造針大小五十萬枚，其間損壞難免。大針如缺針孔仍可作爲無孔針出售，小針如壞即成廢鐵。官辦時每日造針十餘萬已減少機器能力。又釘機五十部俱係舊式，每日十小時共造釘一百五十桶，考其原因，係皮帶輪軸蠢笨，轉動不靈，故而出釘較緩。而削釘之刀最易殘缺，每機換刀又費時誤工，現在改良機器之運動，已得增加一百桶，合計每日可得二百五十桶。製釘鋼絲前俱購自外國，現本公司建築鎔鋼鑪化煉馬丁鋼，購置拉鋼條機器，釘之原料不求人而求己矣。每釘絲二十噸造釘四百三十桶。現本公司夜日開鑪三次，能得净釘絲三十六噸，供自用，尚有餘絲出售也。製針原料，世界以德國爲最精，英美俱愧不如，此世界之公認也。

每磅可造針二千一百枚，每日本公司需要二百餘磅，此時實不能不仍向給外貨，亦最抱歉者也。歐戰以前，每包針六十文，戰時約貴四倍，日本乘機而入，獲利甚厚，然脆而易斷，用戶多嫌其劣。釘之銷場代表等僑居美國時調查，美國運銷中國年約值銀三百餘萬兩，他國可知，是中國自己多造一釘則供給用戶少一外國之釘矣。歐戰前每桶釘一百磅重，值銀四兩，歐戰後漲至十五兩，亦約貴四倍，現在又稍跌至六七兩矣。他如螺絲釘、花旗、三角釘、四方釘、鍋釘、鋼釘以及建造輪船製作機器物件，種類甚繁。又針的裹紙等類仍外貨較多，本公司亦正在研究擴充製造之間。

第三節　各縣商務之概況

第一目　鄂城縣商務

鄂城居武漢下游，濱臨大江，水多陸少，土產輸出運銷他埠者，以穀類、油類、棉花、土布、土線、苧麻、茶葉、炮料、紙銷路甚暢，銷地以漢口、江西及長江一帶。輸入之貨，謙信洋行之洋靛顏料，美孚、亞細亞兩廠之煤油，英美煙公司之煙草，日本之布疋、雜貨。縣境其他特廣營業，典商為徽州幫，竹木為湖南幫與興國幫，藥材為江西幫。縣屬市集有金牛鎮產紙甚多，商界通稱其紙曰"金牛紙"，亦縣屬之特產。若茶葉、苧麻亦產於該鎮附近。至於黃岡、大冶等縣，俱係鄰封，貨物貿遷，時相交易，市面頗稱繁盛。金融漲跌常視漢口為轉移。如縣屬葛店、趙家磯、泥磯、金牛等鎮俱係商務會集之地，小輪往返，交通上亦極便利也。

第二目　漢川縣商務

漢川居漢水上游，縣境產物無多，集市亦復蕭瑟。凡襄陽運下各貨，漢口運上各貨皆過而不留縣境。密邇曹湖，縣民多以漁業爲生，實無商業上之價値也。

第三目　崇陽縣商務

崇陽附近粵漢鐵路，毗連湖南縣境，以茶葉爲特產，每年約銷一萬餘石。麻、穀兩宗亦有輸出，爲數較少，輸入之貨向以洋靛爲大宗，歐戰以後洋靛輸入頓絕，染業漸以土靛或江西靛代之。資本較厚者爲質當、布疋、雜貨各商。縣境交通雖近鐵路，萬山叢錯，陸行至蒲圻始能附車。又有溪河一路，由蒲圻出嘉魚之陸溪口始達長江。交通亦關係商務最大者也。每年茶葉上市，茶行一業實佔經濟上主要之位置，每年輸入販茶之銀約在十萬以外。洋商輸入貨物，煤油實爲一大宗也。

第四目　大冶縣商務

大冶爲產鐵最富之區，已得名於世界，俗稱石灰窰者，即水泥廠，亦大冶之特產。黃石港一埠臨濱大江，距石灰窰數里即赴漢冶萍公司之鐵道，直達鐵鑛。現在象鼻山官鑛又開始工作，雲蒸霞蔚，主要之業務鐵鑛與水泥也。因之旅館、轉運、銀行、電話、電燈等項之設施，無非麗附鐵業而發生。至縣城之商務，市集之商務，皆無重要之可言。土產可以輸出者惟蔴一宗，年約銷售二萬捆。而米穀一項仍不敷縣境之食，加以多數鑛工，益形米穀缺乏。輸入之貨，又以米穀爲大宗也。

第五目　隨縣商務

隨縣爲湖北之北鄙，與河南桐柏毗連，交通不甚便利，距京漢廣水車站尚有一百餘里。輸入之貨不多，輸出之貨以小麥、米穀爲大宗，運銷漢口每年約三四十萬石，大豆、青豆約十餘萬石，豌豆約二十萬石，棉花約六七十萬斤，純係農作物之銷售產地也。

第六目　石首縣商務

石首毗連湖南之華容，出口爲藕池口，係鄂、湘出入之門户。縣境土產輸出者爲棉花、米穀兩宗，上運荆沙，下運武漢。輸入之貨，煤油、車糖、布疋之類。營業情形：美孚、亞細亞油廠，車糖公司設有分銷莊、號，其他輸入之貨多由漢口、沙市轉運而來。每當棉花上市則有日商安部武陵等行來縣設莊收買，華商收買者亦多臨時設莊采辦，棉市收束，各商即捲載收束矣。

第七目　興山縣商務

興山居叢山之中，商務則碍於交通，工業亦因而窳敗，若精美貨物仍仰給宜昌、沙市之輸入，而縣境特產有漆，有油，有木耳，有藥材，有煤炭，此時因運輸上之阻滯，輸出之貨衹以漆油、木耳、藥材爲大宗。若煤炭礦產輸出甚艱，商務上之希望必俟宜萬鐵路告成，各種物產得以運輸出境，庶有發達之一日也。

第八目　鄖西縣商務

鄖西在鄂境極西極北之隅，與陝西連界，交通尤阻，因而洋貨輸入亦少，農產足供本縣之食，亦少輸出縣境。山多烏桕，一名木子，可以榨油製燭，其油曰"木油"，或曰"柏油"，每年製燭行銷陝西甚巨。又縣境產火紙、皮紙、草紙三種，皆以土法製造，原料用草或用竹，每年輸出約共三萬餘件。又油紙製傘每年亦銷一萬餘件，菸草製成絲煙每年約銷二萬餘斤，木油與蠟燭之銷數爲最巨，大約總在三十萬斤左右也。

　　按各縣商務除武昌、漢陽、夏口三縣，又江陵、宜昌二縣俱屬於商埠範圍外，施南十餘縣俱無商務可言。僅就各縣報告略有價值者采錄之，再參考農工兩章而研究之，亦足見一斑矣（編者識）。

第四節　最近商情之調查

第一目　木商

武漢木商多聚於漢陽屬之鸚鵡洲，以便改簰分運。販運內河則改做小把，販運下江則改造大簰，俗呼爲"王簰"，此簰資本即值數萬、數十萬不等。湖南木商分爲五府十八幫：長沙府八幫，曰長衡，曰瀏陽，曰桃市，曰二里，曰歧埠，曰洪埠，曰上益，曰安化；衡州府者二幫，曰郴州，曰桂陽；永州府者一幫，即曰永州；寶慶府者二幫，曰四溪，曰寶慶；辰州府者五幫，曰辰永，曰常德，曰會同，曰靖州，曰沅州。湖北木商曰金壽幫，即大冶、鄂城籍商人組織之。竹木來源由貴州之錦屛，湘西之洪江、托口、辰溪、桃源、常德而來，經過新堤一關，入鄂境之鸚鵡洲。竹木專局查驗，不銷不稅，大約成本千元，由產地運至新堤，川資、稅欸約需費六百元。若再由鸚鵡洲改簰運往下江，經過九江關、二道口稅局、安徽稅局、蕪湖關、南京上新河木釐、揚由關、仙女廟漕捐，加以種種稅欸、川資等費用，原木價爲一千元資本者約需在一千二百元以上，是運稅等費必加原本一倍二分有奇。經過湖北每年運銷數目，大概東湖木約計三百餘萬株，西湖木約計二百餘萬株，南竹約計二百餘萬根，本省所產木竹之過境尚不在此數也。

第二目　棉商

湖北地勢平坦，多砂質壤土，宜於棉作，爲我國產綿最富之區。八年分共產皮花一百三十萬担，因五月久旱，棉苗受損，比較七年分約減十分之三四。茲將各縣調查所得略敍於後。

（武穴及龍坪）地濱大江，產額皮花約一萬担，八年分僅得六千餘担。棉質甚粗，向來運銷滬、漢。近來日本設行收買。龍坪距武穴三十里，花價較武穴稍高，蓋是處無日商采辦，小販任意高低其價值，然此處代江西客收買者居多。

（黃石港）東北濱江，西南臨華家湖，水運甚便，產皮花一萬四千餘担。棉係粗絨，運銷漢口或江西。

（鄂城縣）產額約皮花一萬担，濱臨大江，收穫甚遲，運銷多在漢口，每包重一百六十斤，完稅一千四五百文。

（葛店）屬鄂城縣神鄉，收成約得產額十分之七，約收皮花三萬担，棉屬白子種，色白衣量多，運銷亦在漢口。

（黃崗）與鄂城僅一江之隔，收成較去歲少十分之六，約收皮花二萬担，棉黑子，粗絨，亦家鄉種，纖維微帶黃色。縣境無正式花行，農收之花多運鄂城銷售。倉子埠有花行數家收買，轉運漢口或運四川，近年日商購買日多一日也。

（新洲）在黃崗縣北，為鄂省長江下游一帶產棉最巨之區。七年分產棉一百二十萬担，八年分祇收六十萬担，約減一半，棉色潔白，品質優良，俗稱家鄉種品質最良者也。運銷漢口，價亦較昂。

（宋埠）屬麻城縣太仙鄉，產額皮花一萬一千担，棉係黑子，亦家鄉種，質較新洲稍粗。子花百斤可軋净花三十餘斤，亦銷漢口。

（棗陽縣）調查該縣棉田十八萬畝有奇。八年分五月受旱，七月受雨，棉田增加十分之二，收量減少十分之六，統計故得十分之八，共產皮花三萬担。每畝收净花二十斤左右，花係毛籽，細絨，種色減白，纖維長度適中，運銷數佔全額十分之六，運漢口者約一萬八千包。

（廣水）屬應山縣，地高多山，收量因旱雨不調約減產量十分之五，約產兩萬担，亦銷漢口。

（樊城）屬襄陽縣，土金黃壤宜於植棉，棉田計六十萬畝。今歲因水災減去產量十分之四，計收皮花十三萬担，花純白，絨長。子花百斤可軋花衣三四十斤，運銷漢口者有十二萬担，稅捐每担六百文，運費七百文。近年日商武林、日信、吉田等洋行設莊收買頗多云。

（老河口）屬光化縣，北距縣十五里，地勢平坦多沙土，光化縣產棉之首鎮也。棉田約三十八萬畝，八年收成較少十分之四，共產皮花七萬七千餘担。纖維潔白，長絨，子花百斤可軋花衣三十五斤，運銷約七萬担。日商因抵制風潮無人代買，因運銷漢口者較多。

（蔡甸）漢陽縣西鄉之大鎮也，距城六十里，棉田十六萬畝，產額皮花六萬四千担，比之七年僅及十分之四。每畝收凈花四十餘斤，棉係毛子粗絨種與黑子細絨種，花色雪白，粗絨占其大半，本地需用甚少，運銷約四萬包，大半運往漢口，日商亦有莊收買。

（仙桃鎮）屬沔陽，距縣城六十里，棉田約十四萬畝，產額皮花四萬三千担，比之七年僅及十分之四。每畝收花三十餘斤，纖維粗，子棉百斤可軋花三十七八斤，運銷數約二萬担，亦有日商在此收買。

（監利縣）濱江邊，產額皮花五萬担，較七年歉收十分之三，棉黑子種，粗絨居多，細絨僅十分之一二，運銷佔十之八九，均運往漢口。

（新場、橫堤及藕池）均屬石首縣，地勢低，多水災。今歲棉苗受水淹者凡三分之一。新場在縣城之西，產額皮花一萬石，橫堤在縣城之東南，約二萬担，藕池在縣城之東北，約一萬五千担，運銷地點為漢口。棉為黑子洋棉，色稍帶淡黃，纖維長，惟不及陝西之細絨棉。

（斗湖堤）屬公安縣，地勢高，無水患。今產額約及去年十分之三四，然農人以去歲收量豐滿今歲植棉面積加十分之三，統計產額得十分之六七，其皮花四萬餘担，棉多黑子洋棉，品質與新場同。

（江口及董市）屬枝江縣，在鄂省揚子江上游，距漢口一千一百二十里，土屬沙土，今歲因受雨患，故收成減少，僅及去年十分之三四，每畝約收皮花四十斤，共一萬二千担。江口產額皮花一萬餘担，棉係黑子粗絨種，色稍帶黃。運銷數占全額十分之八九，多運往四川，日商亦間有在此購買者。董市產額較少，以八年之收成僅占千担耳。

（沙市）屬江陵縣，收成多七年十分之五六，每畝約出皮花四十斤，共二萬餘担。棉黑子粗絨種居多，色稍黃，遜於家鄉。運銷數去歲約五萬担，蓋附近各市鎮之棉均由此出境也。全額十分之六運漢口，餘運四川。

按以上情形係采録八年《棉産調查之報告》。據漢口一鎮之報告，八年交易額係七十萬包，其他即係在各縣市鎮之交易數目也。而漢口交易尚有陝西、河南之運來者約十萬包，是湖北産棉交易於漢口市鎮者僅六十萬包也。按照八年平均市價，粗絨約二十三兩一擔，細絨家鄉約二十六兩一擔。據最近九年秋季倫敦消息《泰晤士報·商業週刊》之公布云，今年美棉收數祇有七成，本年内可收一千二百萬包。如世界需用照舊則棉價必漲。又據九年九月美商美盛公司《棉市報》報傳大風損壞棉花並無其事，因日本圖在歐洲出脱其多買之棉花尚未成功，故有此謠，不足爲信，美棉收成消息甚佳。現因湖北、蕪湖、江西購棉甚多，因漲四、五兩，恐以後尚須漲高。利物浦、紐約、印度市價均穩固。自八年九月至九年八月華棉出口數目共四十五萬九千九百四十七包，漢口市面因之棉價近日亦有望高之勢。據九年秋初之調查，粗絨已達三十兩一石，細絨已超過三十兩外有零，倘不得美棉接濟，則棉價一時不易平也。但今年浙江、陝西、河南棉市收成尚好，或者漢口棉市亦不至十分飛騰(編者識)。

第三目　銀行商

商務盛衰全賴銀行爲調和劑，此經濟之原則也。若英人之東印度銀公司，日本之台灣銀行又爲佔領屬地之利器，是銀行業與政治經濟、商業經濟俱有密切重大之關係。漢口一鎮不獨爲湖北重要之商場，幾可比於上海，超過天津、廣東等埠，每年貿易總額比較前二十年繼長增高幾加四倍。民國五年以後每年約二億萬而強，其價值可想矣。現在華商銀行計：(一)中國銀行；(二)交通銀行；(三)鹽業銀行；(四)中孚銀行；(五)華豐銀行；(六)興業銀行；(七)黃陂實業銀行；(八)廣西分銀行；(九)蔚豐商業銀行；(十)湖南銀行；(十一)濬川源銀行；(十二)四川鐵道銀行；(十三)四川裕商公分銀號；(十四)陝西泰豐分銀行；(十五)金城銀行；(十六)直隸銀行；(十七)聚興誠銀行；(十八)四明銀行。又洋商銀行計：（一）英商匯豐；（二）英商麥加利；（三）美商花旗；（四）法商義品；（五）法商東方匯理；（六）俄商道勝；（七）日商正金；（八）日商台灣；（九）日商住友。又有性質近似銀行之票號計：三晉源、大德恒、大德通、天成亨、天順祥、同豫恒、晉昌昇、蔚泰厚、寶豐隆。又有與銀行錢業連帶有關者有公估局一處，有銀鑪計、守康、瑞生、廣興、廣泰、增康等六處。外此即係錢莊一業，與銀行雖有相輔之精神，詳考趨徑，別有歧異，故另列一目以詳之。華商銀行無不聽命於洋商銀行，以定息率、銀價之漲落，而漢口洋商銀行又聽命於上海、香港之洋商銀行，實皆以英之倫敦為經濟基礎。歐戰之時則經濟視線轉移於美之紐約矣，歐戰以後英京倫敦尚未能恢回從前經濟地位，亦金融遷移之近況也。現在世界金融從前專聽命於倫敦者，現在分聽命於紐約、倫敦兩埠矣。九年五、六月間，銀價暴落，先令匯價見漲，漢口一埠凡經營洋商貨物如五金、洋紗、疋頭等業咸感受非常痛苦，因而倒閉者多家，亦九年分金融劇變之一劫也。華商銀行或資金薄弱，或紙幣繁多，信用上之效力甚微，亦振興實業最大之障礙也。如欲整頓實業之計劃，應請自整頓銀行始，最近九年九月一日新增懋業銀行，聞係中美合辦，資本一千萬，或為整頓銀行之一端乎。

第四目　錢商

漢口錢業五千元以上者共有九十四家，內有三萬元資本者計萃豐、承康、安康、益豐、信大、謙益、協昌七家，二萬元以上資本者計德豐、泰昌、慶豐、同德四家。沙市一埠五千元以上者共有六十二家，有資本九萬元者裕通一家，有資本八萬元以上者蔚長厚一家，有資本七萬二千元以上者裕成美一家，有資本六萬元以上者晉義昌、亨泰二家，若五萬元者計慶和太、德成美、同順成、鄒萬興、義成美、鼎新長六家，若四萬元者計慶和、祥裕昌、恒吉祥、興瑞泰、裕集慶、昌光明、正寶豐、德成厚、天成玉、慶昌、元寶成、永大利、德源十三家。襄陽一埠五千元以上者共有二十家，最大資本過一萬元以上僅三兩家。宜昌一埠五千元以上者共有七家，計協通一家資本三萬元，集和一家資本一萬元。光化即老河口五千元以上共有三十九家，資本一萬元者計裕通祥、乾豐泰、昌慶、慶記四家。通城縣五千元以上者共有三家，計邱永昌、信大公二家有資本一萬二千元，若隆興義則爲六千元。陽新縣有錢莊八家，資本俱不過三千元。大冶縣五千元以上者共七家，內有聚和一家資本爲一萬元。黃陂縣五千元以上者共二家。沔陽縣五千元以上者共十四家。黃梅縣五千元以上者共四家。蘄水縣永合公一家資本爲一萬元。麻城縣五千元以上者共十四家，僅公濟一家資本爲一萬元。廣濟縣（武穴鎮）共九家，張泰興爲一萬元，泰興祥爲三千元，其七家則俱在五千以上。當陽縣五千元以上者兩家。竹谿縣五千元以上者五家。宜都縣有信成、義通兩家，資本俱一萬元。合湖北全省各縣各鎮之調查，共有錢商二百九十三家，總合資本平均計算不過三百萬元，不及一家銀行之總資本。其中詳細內容往往資本一萬而存放數目超過數倍，一年周轉數目超過什百倍，市面通稱曰"上架子"，或係以人的信用，或以營運能力，或財東有其他不動產的信用，平時周轉靈活，絕無痕迹，倘遇市面發生變故，即不免有倒閉之虞。甚有毫無確定資本，或與銀行銀號主要人有密切關係者，再能手腕敏活，即能開張鋪面，此項店號實屬危險。九年分錢業生涯甚好，市面亦穩，漢口交易俱以銀爲本位，每日市價由錢業公所公決之，合鎮錢商買賣匯劃俱於每日清晨齊集錢業公所，以本日買賣情形決定本日之市價。如買銀較多，則銅元官票價額因以跌落，如買錢較多，則銅元官票價額因以增漲。銀根與金本位之贏絀直接影響於銀行，間接亦影響於錢市。湖北全省幾以官票一宗爲流通主幣，錢市每日買賣決定之情形僅決定官票一宗耳。然官票近來價額實與當二十銅幣價額相仿佛。近數年間每串官票最高亦不過五錢零，最低亦未過四錢以下。大概常年官票漲落時期，陰曆正月價較落，二月半後至端午間價額較漲，六、七兩月又較低，八、九、十等月又較漲，冬、臘復落。此中原因實二月後各省旅商至漢俱帶現銀辦貨，則銀根鬆而票自高，端午各省旅商脫貨後多吸收現金歸去，則銀根緊而票自低，秋間亦如之。春間之貨厥爲茶、絲，秋間之貨厥爲棉、麻、油、糧，爲主要之營業目的物也。錢商全以他商營業爲轉移，周轉愈多，利益愈厚。至若銀價漲落，漢口錢商仰視於銀行公決於公所，每月以夏曆月半、月底爲比期，以端午、中秋、年底爲大比期。每逢比期往往一日而兩市，至若各縣各鎮錢商決定銀價之漲落，又全聽命於漢口市價也。雖電報郵便偶有遲滯，亦如潮流激盪仍依據漢口漲落爲發源地，不過略爲遲期，仍同一樣漲落也。

第五目　絲商

湖北產絲爲出口貨物之一大宗。洋商在漢開盤收買者有之，在滬開盤收買者亦有之。湖北各縣產絲量已詳於第一章。絲市聚集之處祇河溶、沔陽、黃州爲最著，洋商亦祇知某爲河溶絲，某爲沔陽絲，某爲黃州絲。在漢口專辦洋莊絲者祇有朱森茂、生昌祥、豫豐恒、生大、開泰祥五家，在武昌者祇有楚興公司繅絲官局一處。每年本省土絲在漢口交易者如左表。

土絲量銷路表

產地	土絲出產及其種類			各絲價格			銷路地點		
	經絲	細絲	粗絲	經絲	細絲	粗絲	經絲	細絲	粗絲
沔陽	無	無	5 000 担			360 兩			英法等國
黃州	100 担	1 500 担	3 000 担	370 兩	350 兩	330 兩	土耳其		印度緬甸
江陵河溶	無	200 担	1 500 担	370 兩	360 兩	340 兩	土耳其	歐西各國	俄羅斯
江口	無	200 担	200 担	370 兩	360 兩	280 兩	土耳其	歐西各國	俄羅斯
董市	無	200 担	100 担	370 兩	360 兩	270 兩	土耳其	歐西各國	俄羅斯
邊江	無	200 担	200 担	370 兩	360 兩	320 兩	土耳其	歐西各國	俄羅斯

右表數量一萬一千八百担。四川萬縣、嘉定產經過漢口輸出外洋者，約經絲五百担，細絲一千五百担，粗絲一千担，價額與湖北絲價額相仿彿。四川產絲白色佔七成，黃色三成。沔陽絲白色衹一成半，黃色八成半。黃州絲純係黃色。凡行銷洋莊絲商各有牌號以昭信用，朱森茂牌號爲"愛司梯"，生昌祥牌號爲"愛司西""金象"，豫豐恒牌號爲"梯西"，生大爲"西開"，開泰祥牌號爲"三羊"。銷售總額每年約一萬五千担，計繅絲官局約銷兩千担，川商約銷三千石，汉商五家約共銷一萬担。九年分最近價額，河溶每石成本約四百二十兩，沔陽每石成本約三百七十兩，黃州每石成本約三百六十兩，平均計算每年出口價值約在六百萬兩左右。九年春繭、夏繭收成甚豐，惟繅絲量較歉耳，上等好繭十六担，可以繅丝一担，若劣者十八九担始能繅絲一担。九年之繭雖多而質劣，亦美中不足者也。日本三井行近亦收絲繅絲，漢口絲商與繅絲官局俱亦略受影響。

第六目　茶商

(甲)紀錄中國華茶貿易之大勢(采《時事新報》)

　　茶爲東亞之特產，吾國產茶最盛之地在緯線二十三度以至三十一二度之間。產綠茶者甘肅、江蘇、貴州、浙江、雲南五省，紅綠並產者安徽、湖北、湖南、四川、福建五省，輸出地以漢口、上海、福建三市場爲中心點，列舉如左。

　　一、漢口。居長江之中央水道，有長江、漢水諸河西通巴蜀，南接三湘，北達陝西，東下寧、滬，與產茶、運茶各地相連絡，故漢口爲茶市唯一內地大市場。湖北茶之輸來者多航漢水或由羊樓峒來者年約三萬七千二百五十箱，或由崇陽來者年約三萬三千一百九十箱，或由咸甯來者年約一萬四千八百八十九箱，或由宜昌來者年約一萬零十四箱云。

　　湖南產茶以安化、桃源爲第一，長壽、平江爲第二，高橋爲第三，聶氏、雲溪爲第四，湘潭、瀏陽、醴陵爲第五。

　　今查湖南茶由岳州通過出漢口者年約三十萬担，價值五百萬兩。據岳州税關報告，年通過約五十六萬箱，每箱五十斤，合計二十五萬乃至三十萬担。湖南茶價每担約值銀二十兩，年約五百萬或六百萬兩。此茶之銷路以俄羅斯爲最多，次爲英國、美國、加拿大、歐洲大陸、上海及日本是也。

輸出俄國路逕，溯漢水至樊城，或經賒旗鎮分配各地；或經龍駒寨達西安府，更分配於蒙古、西伯利亞、新疆各地；或由海路到天津，再由陸路經張家口入蒙古至恰克圖，經西伯利亞分配於俄羅斯境內；或由上海更裝遠洋汽船到浦鹽斯德分配於俄羅斯境內；或溯黑龍江到尼哥拉、下斯克入俄羅斯東西地方；或由俄之義勇艦隊經蘇彝士運河分配歐美各國。

二、上海市場。輸入者爲江西之甯州、吉安所產，安徽之徽州、婺源、屯溪所產，浙江之杭州、甯波、溫州所產，江蘇之蘇州所產，福建之福州所產，其他則爲日本。然日本輸入之茶仍日本僑居之日本人自用，華人絕少購者。經過上海及銷上海本埠者爲徽州府所屬六縣，年產額約四十萬箱，必先集於屯溪再運至上海。蓋此六縣所產爲綠茶，俄人素嗜紅茶，故不輸於俄而經過上海輸入歐美也。徽州府屬祁門、婺源、歙縣、黟縣、績溪、休甯六縣俱產茶，而品質最佳者爲婺源，祁門則爲紅茶產地，質佳而量豐，因地勢之便多由江西經九江至漢口，其由屯溪出上海者唯綠茶而已。黟縣茶劣而量少。甯波港昔亦茶市大集地，徽州茶與紹興平水茶及甯波東南地方運來甯波出口者年約三十萬担，金額五百萬兩。近來杭州開港，徽州茶爲杭州所奪，而平水茶亦爲所奪，甯波茶商大有恐慌之象。甯波茶雖輸出日本而質劣於紹興平水茶及徽州茶，故銷售於美國者，平水茶獨占而已。然甯波茶經上海輸出外國者尚值四十萬兩。浙江紹興府五縣所產之平水茶年約二十萬箱左右，以山陰、會稽二縣所產爲最，上虞、嵊縣、新昌三處次之，品質皆勝於徽州茶，上等一担約銀三十兩，下等一担約銀十兩。買茶者先由紹興輸送於甯波，貯存於招商局及太古洋行之倉庫，視上海商況如何而爲。每年茶市開始之日約五六月間，茶之由各地豫送於上海市場者其類別如下表。

三、福州市場。福建素以產茶名，其出地及聚集地可別爲二，即廈門、福州是也。

（廈門茶）廈門所輸出之茶多爲台灣烏龍茶。由台灣輸至廈門，復由廈門輸出於各地者也。其輸出額十之八九皆爲烏龍茶。福建茶之由該港輸出者多爲武夷、甯洋、北溪、建甯各地所產，福建人及僑居南洋羣島之中國人皆嗜之。

（福州茶）福州茶爲上海、香港之需要品，故福州輸出貿易以茶爲大宗，占輸出之八九分。故茶葉之盛衰與福州港之商業大有關係也。茶之種類：（一）烏茶；（二）小種茶；（三）白毫茶等類。茶之產地：（一）沙縣；（二）邵縣；（三）坦洋；（四）白琳等處。

（乙）湖北茶業之情形（采《神州日報》）

鄂省亦產茶之一區，比年以來日見式微，爰將各方情形分述於下，以供實業家之參考。

（茶葉之種類）茶樹種類相同，惟采摘時令及製造方法之各異，銷路遂分中外，價值因有高低，總其名稱約分四類：（一）青茶類；（二）紅茶類；（三）黑茶類；（四）草茶類。分述於後。

一、青茶類。又分爲十一種，以通山縣所產爲最多，其餘各處不過十之三四，運出者以"細白毛青""立夏後粗茶""立秋後老青茶"三種爲最多。

二、紅茶類。紅茶分九種，其銷額以未製之"毛紅""米茶""花香"爲最多。

三、黑茶類。黑茶即老茶，有軋碎蒸熟壓甑者，有將青葉置鍋內炒一回後再行蒸熟裝入各種包篝者，亦分九種，其銷額次於紅茶。

四、草茶類。草茶乃茶之別種，粗而無味，蓋山內野生者，每年所產無幾，約分五種，絕少商人辦此。

（產地及銷場）湖北產茶區域爲蒲圻、崇陽、咸甯、通山、通城、嘉魚六縣及陽新、大冶兩縣，每歲所產以紅茶、黑茶爲大宗，青茶殊不多覯，各種之茶多半爲山西、廣東外洋各茶商於產地設莊采辦，運至漢口揀造，再分運外洋及本省銷售。本地亦有設莊收買者，俱係臨時集股，或作或輟，不如外莊之永久。今將各種茶名銷場列表於左。

茶　　名	銷　　場
細白毛春茶	各省
立夏後粗青茶	各省
立秋後老青茶	各省
（一五）箱紅茶	俄、法、美、英、德（俄占十分之六）
紅茶口莊大面	俄（由張家口運往）
米　茶	俄（由張家口運往）
花香米甑	俄（由張家口運往）
花　香	俄（由張家口運往）
毛　紅	江西
茶　梗	廣東、山西
楝　皮	鄂、湘各縣

续表

茶　　名	销　　场
打片	鄂、湘各县
洗末	鄂、湘各县
黑茶套篓	蒙古
黑甎茶	俄国、蒙古
黑茶大小斤甎	俄国、蒙古
老茶包	俄国
净草茶	湖南、俄国
半草茶	湖南、俄国

汉口有茶业公所一处，制甎茶厂四处，华商一家曰兴商公司，资本二十五万两，俄商三家曰新泰，曰阜昌，曰顺丰，资本不详，多半停闭，茶市衰落可见一斑。衰落之原因受欧战之影响十之二三，受俄乱之影响实十之七八也。调查俄国销鄂茶最多，卢布奇跌，几至无市，海参崴存积中国及印度锡兰茶约五百万箱，汉口一埠约占十万箱，茶商之损失又可见一斑。上海商会今年(即庚申年)春季曾根据交通部提议说帖，凡地方人民及旅俄之侨民因战事直接、间接所受之损失，将来均应向俄国索价一案呈报。民国五年以前运俄销售之茶价额每岁计一千五百万两，乃自六年至今，四年输出价额约短六七千万两。现在俄国苛税华茶，又限制华茶每磅售价十二卢布，又以恶例禁遏华茶销路，恳陈政府向俄交涉撤销苛制，以维茶务，云云。茶市衰落可以归罪于俄乱为最重。九年分汉口茶业交易之总额不过三四百箱，比较从前三四千箱，真一跌十丈矣。羊楼峒著明

產茶地現在僅存二莊，其蕭疏亦可概見(編者識)。

第七目　油商

中國產油最富，各國需要實多。畜類之油，鑛產之油，茲就菜類與植類之油，習見於商場暢銷於漢口者論之。

一、"桐油"。煉熟可以為塗餙，且能耐久。桐子含油之量多至百分之四十，世界僅中國產量最富，日本間亦有之。倘能廣種桐樹，購機精煉，裝罐輸出，誠為一大利源。惜華商不自精造，外人設廠澄之製桶運之，售其粗不售其精，殊太可惜。

一、"豆油"。據僕盧克之報告該豆具有糧食內必要諸素，如蛋白質類，且所含諸素得相當之份，且豆油榨下渣可作粕飼畜，其莖與葉亦可飼畜。豆之全體俱屬有用之材。豆油外人可用以製肥皂、油漆及火漆，並可以製油布與油甑，完全含有化學作用。東三省產量最富，漢口溯沿襄河上游之產亦甚多。

一、"菜子油"。簡稱菜油，中國除潤鼎、燃燈外別無他用。西人澄油之法，置大桶中攪動，漸加入 0.01 量濃硫酸，則雜質粘結而下，使油澄靜，取其上面之清者，用淡蘇打水洗之則得洞明之油。西人取以潤機器，或摻以硫磺，或綠硫熱之則結軟塊，可代橡皮之用，出口運售美國最多。

一、"芝蔴油"。由芝蔴之子榨出，油量約百分之四十，餘渣充肥料、飼畜之用。外人調查每年出口之數比印度、亞非利亞、地中海東岸各地較少。

一、"柏油"。區分三種，取之皮者曰"皮油"，取之子者曰"子油"，不分皮子而製者統曰"柏油"。華人以之製燭甚光亮，為乾油之一種，每年由漢口出口外洋者約五千噸。歐市知此油為日尚淺，倘發明而廣告之，銷路當尤暢旺。西人仍以作漆油或製肥皂之用，不似華人僅以之製燭也。

一、"花生油"。多運往法國馬賽，上等者歐人多以之調和生菜，每年統計凡一千五百萬加倫，劣者仍可製肥皂。

按以上六宗係出口大宗。若茶油、紫蘇油、蓖麻油、葵子油、橄欖油、黃麻子油、棉花子油、玉蜀黍油、棕櫚油、椰子油，又其小者。如橄欖仁油、桃仁油、李仁油、杏仁油、梅子油、芥子油、南瓜子油、橘子油、胡桃仁油、扁桃仁油皆有商業之價值，不可不注意者也。漢口華商元豐榨油廠每日製豆餅三千六百枚，在特別區，天勝榨油廠每日製豆餅二千枚，在漢口襄河沿，永昌元榨油廠每日製豆餅一千六百枚，順豐榨油廠每日製豆餅二千四百枚，其他土法製油作坊已詳第四章工業矣。洋商油廠在漢鎮者有義商講華油廠係製柏油、牛油，每年出口約三萬担。英商怡和澄油廠係製桐油、柏油、牛油三宗，每年出口約十一萬担，又華昌澄油廠製油與怡和同，每年出口約九萬担。美商其來油廠係製桐油，每年出口約二十萬担。法商同澄油廠係製柏油、桐油、牛油三宗，每年桐油出口約五萬担，柏油出口約二萬担，牛油出口約一萬担。日本商有三井油廠、日華澄油廠、日華榨油廠、日信榨廠、合記榨油廠。油之一業，實最近日增月盛極大交易之一宗也(編者識)。

第八目　糖商

華糖產地四川、廣東、汕頭、潮州四處，種類分冰糖、白糖、紅糖三宗，年來產額不振，以至洋糖輸入。英商太古、怡和，日商三井每年輸入爲數最巨。現當世界糖荒，供不應求，繼漲增高，最近各種糖價列位以明之。

糖之類別	產之地別	價　別
冰　糖	華　產	十八兩一担
白　糖	華　產	十四兩〇
紅　糖	華　產	十兩〇
冰　糖	英　產	十七兩五錢
白　糖	英　產	頭車十四兩四錢 二車十四兩 三車十三兩二錢
紅　糖	英　產	無
冰　糖	日　產	十六兩〇
白　糖	日　產	頭車十四兩 二車十三兩六錢 三車十三兩
紅　糖	日　產	無

　　比較銷額仍以日糖為最多，以其價廉於英美華產之數。調查菲列濱糖業亦日見發展，共有糖廠十八家，最大者曰喀拉拇白糖廠及明度魯糖公司，每日能產糖一千八百噸及一千噸。華產糖地果能擴充其蔗田，研究其製法，振作其精神，僅一產糖區域亦足抵一菲列濱，況有四處之多耶。蔗地宜熱帶，閩、粵為宜，蜀次之(編者識)。

第九目　麻商

湖北亦產麻最著之區，每年輸出美、英、法等國約一萬五千担，輸出日本者約二十一萬餘担。日本商年在武穴設莊收買，年有增加。茲將產地及最近價額列表如左。

產　地	價　值	產　地	價　值
武　昌	十四兩二錢一担	陽　新	十五兩一担
大　冶	十四兩七錢	鄂　城	十三兩八錢
蒲　圻	十四兩四錢	嘉　魚	十三兩二錢
咸　甯	十六兩八錢	以下俱係白麻	

四川綏定所產青麻約十兩上下，亦通過漢口輸出。楚興公司有製麻官廠織造麻布、麻袋、帆布、夏布、花縐、疋頭等類，每年收買爲數亦佔出口十分之二三。近來日本商三井、三菱、武林、古河等行在武穴設莊收麻捆載出口日盛一日，麻市價值日有增長之勢。

第十目　紗商

紡紗之業與販紗之業本分兩途，請分述之。

(甲) 紡紗

歐戰以來，歐美紗因船運阻滯，東亞紗與市場頓呈異彩。世界紗錠比較華人與紗錠比較之結果，應合六百六十六人共一紗錠，華人舊稱爲四萬萬，幾佔世界人口三分之一，而紗錠不及六百分之一，中國爲世界銷紗唯一市場無可諱言。近數年間因歐戰之變故，日本紗與華紗之銷場利市十倍，華人紡紗事業亦因之風起雲湧，全國紗廠如恒豐德、大厚生、振華、寶豐、鴻裕、溥益、申新第一第二、同昌、三新、大生第一第二、振新、福成、廣勤、寶通、濟泰、利用、鼎新、和豐、通惠、華新、裕元、恒源、廣益、華北等廠已星羅棋布在大江東西、大河南北之間。湖北楚興公司紡紗官局一處，又織布兼紡紗官局一處，年有贏餘超過資本兩倍、三倍之厚，股本價額比照票面約增五倍。調查九年分贏餘將近四百萬兩。湖北資本家聞風興起者又有第一紡紗公司集資在三百萬之巨，又有裕華紗廠、震寰紗廠接踵而興，湖北紡紗一業，大有蒸蒸日上之勢。

(乙) 販紗

華紗與日本紗輸出輸入支配於各省各埠，又全賴販紗商為之樞紐。紗價跌落與增漲程度往往每抬距離在十兩、二十兩之間，販紗號之營業又含有投機性質，往往得利在十萬、二十萬之巨。利之倚，害之伏也。漢口一埠紗號有四十餘家之多，年來獲利甚厚，不料今春英金增價賠累極多，若素稱有名之紗號仁和祥、順豐、宜記、恒記、泰和、昌同、順昌等俱相繼停擱。九年夏曆三、四月為販紗商大恐惶之時期，惟其原因係預定紗價為英金本位，每磅約漲二元至三元之間，每十萬磅約虧折二三萬元，直接之影響在金價，間接之影響實拋盤買空之過當也。現在棉價較高，紗價較低，販紗事業推測九年之結果又有由盛轉衰之象，此係湖北一省紗市之情形焉。

第十一目　毛革商

毛革為出口貨之一宗，湖北產量極少，僅有牛皮、羊皮兩類，俱包括於海關報冊雜皮一項之內。調查海關報告中分毛革為七項：曰狐皮，曰山鼠皮，曰狸皮，曰貂皮，曰鼬皮，曰各類尾皮，曰雜皮。雜皮一項最佔重要，因包括有牛皮、羊皮、羔皮在內，其用途甚廣，據一九一八年報告毛皮出口數為二百二十九萬張，值關平銀八一五七八兩，合英金三十五萬四千磅，即可推測歐戰需要之多也。狐狸、貂、鼠之皮多產於滿蒙、甘肅、直隸、山西、陝西寒帶較近之區，輸運揚子江流域及由長江各埠出口者亦佔四分之一。漢口最要出口之革類仍以牛皮、羊皮爲大宗。黃牛皮每年出口約二十萬担，每担約值銀五十兩左右。水牛皮每年出口約四萬餘担，每担約值銀二十兩左右。羊皮每年出口約四萬餘担，平均價目每担約值銀八十兩至一百兩左右。此項出口數目又係包括四川、西安、河南、貴州、雲南、江西、興安等省在漢口一埠運銷之總數也。湖北本省產皮並無此數，他若虎、豹、獺、狗之皮以及狐狸、貂、鼠之皮由漢口輸出外洋者甚少。至於毛之一項，漢口所銷者人髮、豬鬃與豬毛三宗耳。人髮銷數不詳，黑豬鬃每年約銷一萬七千担，白豬鬃每年約銷四千担，豬毛每年約銷二萬三千担，平均價額每担約值銀一百三十兩至四十兩左右。

第十二目　漆商

湖北產漆有鄖陽、施南、利川、建始四處，他省漆通過漢口銷售者爲四川、貴州、平利三處銷場，出口歐美爲數不多，日本購買甚巨。日本以化學製造，聞仍銷中國者亦不少，漢口一埠每年約銷大桶二千桶，約銷小桶三千桶，價額約共值三十萬兩。

第十三目　藥材商

河南、安徽、雲南、四川、貴州、廣東在漢口俱設藥材行幫出口藥材，以河南、安徽所產之茯苓爲一宗，每担約值銀十兩或十餘兩，每年約銷一萬餘石，並銷四川、蘇杭、湖南等省，香港、上海、廣東等埠。四川之黃連、大黃亦運銷外洋甚巨，若類於藥者陝西黃臘、四川白蠟亦出口大宗。

第十四目　布商

(甲) 織布商

織布商本含有工的性質，織布工廠已詳於第四章，茲再申論其關於商之一部分情形。楚興公司之官布局每年所織之洋式布約五十萬〇四千疋,共爲二萬五千二百捆,約值銀一二百餘萬兩,行銷廣東爲最多。其他如愛國素布、愛國花布、各色被面、各色床毯、各色西法布、各色斜紋、泰西緞,武漢市鎮以及宜昌、沙市、襄陽以及外縣多設廠織造甚多,雖不能輸出外洋,而抵制輸入之布類,爲數亦不少。

(乙) 販布商

武昌、漢口販布事業曰"疋頭號",其額價俱公同議定劃一,不許增減。武昌有布帛公會,漢口有疋頭公所,以示不欺市面,亦有信用。營業總額外洋布疋仍佔十分之七八,國織布疋僅得十分之二三也。歐戰以來,西洋布疋雖少,日本布疋異常充斥,日本布疋又佔十分之七八,西洋布疋又僅得十分之二三矣。

第十五目　蛋商

中國之有蛋粉業,實三十年前英人史米司氏在蕪湖設廠爲濫觴,歐美接踵而起,德國經營尤力。漢口共有蛋廠十家,而德人即佔其四:(一)捷成;(二)嘉利;(三)禮和;(四)美最時。俱已停擱。現在營業者祇餘瑞興、公興、和記、元豐、立泰、愼昌六家,同業之競爭最烈而利益極厚,其利息常在十分之五以至十分之八九之間,蓋因中國產卵最富而價格極廉,平均每一個值銀二分內外,較之英國每十打在三十三先令左右,即卵價較廉之美國每十打在五十仙左右,若以金昂銀低時計之,其利兩三倍、四五倍不可知也。當通商之初,運輸出口俱係生卵,破損之易與夫腐敗之速,營斯業者屢受重大之損失,其後史米司乃發明乾燥卵之法,始得運輸之便利。機器製乾之法略分三種:(一)乾蛋白(Gristal alhurn);(二)乾蛋黃(Granulated yolk);(三)乾全蛋(Gron whole egg)。舊式乾燥之法尚不完善,美、德最新發明一種機器可以製造爲蛋粉:(一)蛋白粉(Sproy alhum)、(二)蛋黃粉(Sproy yolh)、(三)全蛋粉(Sproy whole)三種。現在新式機器僅自生卵中提出水分而不損及卵質,遠巧於舊式機器,誠製卵之法,亦一大進步也。所以用新式機器所製之蛋,其獲利尤厚,凡舊式製成之蛋黃,每擔價值不過三十兩左右,最高亦無過四十兩者，若係新式製成之蛋黃，每担可值銀六十四五兩，至廉亦在六十兩以上。收買生卵雖同業競爭而絕無供不應求之事，鄉間因蛋價日漲養鷄之家亦隨之增多故也。中國各省產卵最富之區以湖北、河南、山東、江蘇、安徽、直隸及山西之一部，產額原不易詳，每輸出之總額約在三十億個。據海關七年分之報告共出口蛋粉二十八萬九千三百五十七担，值關平銀九百三十萬〇七千二百二十七兩，據漢口一埠出口亦在三萬二千萬個。現在最新式製蛋之德商工廠停貿四家，其六家年來利益誠百倍於前矣。

第十六目　糧商

糧之產量與輸出量已詳前章，本章不贅。據最近糧市消息，雜糧市價平穩，惟菉豆價略低，黃豆略高，價仍平穩。次等黃豆漸見疲滯，棉子、菜子新貨交易已有數千噸之巨。花生仁一物向銷英美，今因匯率關係頓形減少，日本需要反多。小麥、米穀、麵粉日見增高。大概湖北輸出外洋之數，芝蔴約二千萬担，黃豆約四五十萬担，蠶豆約二十萬担。九年分直、豫大荒，糧市當有重大之變動，恐北糧輸南日少而南糧輸北日多，運輸之重要市場東部則為浦口，中部則為漢口，又糧商已露變遷之形勢矣。

第十七目　菸葉商

中國產菸甚富，江西之廣豐、驛前、瑞金、新城、瑞昌、都昌、鄱陽、羅坊等處每年約產菸十四萬五千担，大概由九江輸出外洋。福建之永定、蘆溪、桐山、大小峯崎嶺、黃土嶺、井尾、長泰、埔仔、大埔、仙游等處菸葉多萃於廈門輸出外洋及台灣，約共五萬石，價值約一百萬元。浙江之松陽、新昌、四都、平陽、桐鄉約共產十三萬担，經上海輸出外洋。四都所產僅銷歐洲，桐鄉所產埃及最為暢銷。安徽約產六萬担，湖南約產三萬担，銷路不大。四川之新都、什邡、渠縣、金堂等處每年約產菸十五萬担。惟金堂菸最有名於國，色純黑可製雪茄。廣東南雄、源澤、天堂、赤色、鶴山等處每年約產菸十五萬担，唯鶴山產能銷歐美。

廣西約產四萬担。甘肅約產五萬担。山東之濰縣、坊子約產五萬担，多係美種，多銷南洋煙草公司，棲霞泰河約產二萬担，多由煙台出口運銷外洋，泰安產菸最適雪茄之用。吉林亦產菸約在三萬担，出口甚少。

湖北均縣、黃崗、黃梅、南鄉等處約六七萬担，均州、黃梅、南鄉所產多銷朝鮮，黃崗產專銷歐美。河南鄧州產菸約十萬担，多通過漢口運銷歐美。均州產菸多美國種，英美煙公司、中國各煙公司亦多采辦者。漢口市面之交易大概均紐（即均州產名）約三萬担，黃崗約二萬担，黃梅、南鄉約一二萬担，大概每担價值約七兩至十兩之間。中國菸葉之輸出與煙捲之輸入如加以精密之計算，每年漏巵之數或即外洋煙廠製造之工資耳。現在南洋兄弟煙草公司獲利甚厚，華商煙捲業風起雲湧，若英美煙公司，法商百多洋行、英商泰和洋行、永昌洋行、美商花旗煙公司，希臘商之天津煙公司已漸見有衰落之趨勢。交通不便之區仍多吸絲煙，滿蒙、直晉、陝甘仍多吸旱煙，即湖北一省前第四章工業中所列之製水煙數目可以思過半矣。

第十八目　絲織商

中國絲織品為世界冠，調查漢口一埠能直接輸出外洋者惟河南之魯山綢，通過漢口轉運上海出口，每年約值銀一百餘萬兩。若湖北天門所織之絹，外人購買者實居少數。以中國立富於產絲之地，又歷史上精於絲織之工竟不得大宗絲織品出口，實以未經詳考外人之嗜好不能投其所求之心理故也。魯山綢西人多以之製夏衣者也，江蘇盛澤所織之紡亦聞銷外洋，西人多以之製女服。亟宜調查西人需要絲織品之式樣、花色設廠製造，其原料工資自較西人運絲之費較輕，自織之工較美，其銷路之暢旺實有可操左券者也。至若市面上之運銷蘇綢、盛紡、甯緞、杭綾之屬，由產地匯集於市鎮，支配於各縣，漲跌贏絀皆一邱之貉，無價值可言矣。

愚編商情十八目為各方調查之最近現況，亦有采錄各新聞紙參加實地調查之情狀者，而目光實注射於世界之盈虛，對外之交易，凡無記載之精神者俱付闕如。以上所錄除木商、銀錢商外，若棉，若絲，若茶，若油，若糖，若麻，若紗，若毛革，若漆，若藥材，若織布，若蛋，若糧，若絲織之屬，皆與國際商情有密切之關係，詳加審察輸出之物俱係天然的爲多而人爲的絶少，以中國若許無業之人又居中國天産最富之地竟不得億萬工廠而容納之，徒令物病於粗，人貧於逸，殊覺可惜。若棉、麻、絲、繭不能紡織而輸出，若糖、油、茶、蛋、毛、革、漆、藥又不能製造而輸出，是根本上失於調查，不知外人嗜好之情狀以及需要之緩急，所以市場出進口之權無不操縱於洋商及買辦之手，且不能發展物力之精華。現當商戰世界，大凡市場口岸儼然立於戰區，必須有警備之精神，調查猶偵探也，猶耳目也，若昧於敵情而作戰，其不敗也幾希。外人不獨經商來華者按時詳報商情於祖國，即公使、領事、教士隨地隨時皆留心考查報告祖國。我國商業已較三十年前較有覺悟，較有進步，倘能寄耳目於公使、領事以及華僑並留洋學生，隨時函告本國，再多設實業日報、雜誌、月刊之屬以輸灌物質之發明，商情之變態，或亦商業增進之一策乎。他若獎勵、勸工爲商後盾亦最要之圖也（編者識）。

第五節　漢口華商與洋商勢力之比較

第一目　漢口華商之勢力

(甲)客幫

四川幫	共三十餘家	全年貿易總額約一千五百萬兩
雲南幫	共三十餘家	全年貿易總額約一千萬兩
陝西幫	共二十餘家	全年貿易總額約三百萬兩

山西幫	共三十二家	票號居多，因勢力衰落貿易額不詳
湖南幫		全年貿易總額約三千萬兩
		以米、茶、鑛、銻等業勢力最大
河南幫	共五十餘家	全年貿易總額約一千五百萬兩
		以南陽魯山綢莊，鄧州菸葉商城茯苓、覃懷、藥材、雜糧、牛皮爲大宗
江西幫		全年貿易總額約一千餘萬兩
徽州太平幫		全年貿易總額約五六百萬兩
		以棉紗、土布爲大宗
江南幫 寧波	共七十餘家	全年貿易額約三千餘萬兩
山東幫及北部		全年貿易以布紗棉約佔漢口三分之一
潮州廣州 香港 幫	共五十餘家	全年貿易總額約三千五百萬兩
漢幫(即本地幫)		全年貿易總額約佔漢口十分之三

(乙) 商號

典當	共三十五家
小輪船公司(附拖駁船)	共二十四家
堆棧	共八家
報關行	共七十四家
五金號	共三十六家
鋼鐵號(附銅錫工作)	共五十四家
煤炭號	共一百二十六家
機器廠(磨光修理軋花製造)	共四十五家
營造業(即包工)	共四十七家
磚灰業	共三十家
石工業	共十一家
漆號	共十四家

漆工業	共三十六家
玻璃號	共四十五家
木板工作	共五十四家
藤竹販賣	共十八家
木器工作	共九十四家
竹器工作	共二十六家
藤器工作	共二十二家
磁器販賣	共四十五家
陶器販賣	共十四家
銅器販賣	共一百一十家
錫器販賣	共十四家
鐵器販賣(剪附)	共五十六家
漆器販賣	共二十四家
樂器販賣	共十一家
印刷業	共三十七家
書籍儀器	共三十二家
筆墨號	共三十三家
紙號(筆扇裝池附)	共一百六十一家
洋紙販賣	共十六家
古玩碑帖	共二十五家
鐫刻	共十三家
絲繭(行號附)	共二十七家
絲線店	共三十一家
棉花號	共一百一十八家
洋紗號	共五十四家(現倒閉四家)
紡織業	共二十七家
染業	共七十家
靛青號	共八家

顏料販賣	共七十二家
綢緞店	共一百四十六家
土布販賣	共一百三十六家
夏布店	共十四家
疋頭號	共四十七家
呢絨號	共二十六家
洋貨販賣	共三百〇六家
皮貨號	共八十三家
製革販牛羊皮業	共一百八十五家
牛皮膠業	共十二家
牛骨販賣	共十一家
雜皮股皮販賣	共五十七家
頭髮販賣	共七家
猪鬃販賣	共三十三家
雜貨店	共四十七家
山貨行	共二百三十四家
舊衣店	共一百一十四家
新衣店	共十五家
軍裝號	共六家
顧繡店	共三十六家
帽鞋工作店	共一百四十二家
製羝製帶	共四十四家
織氈毯工作	共四家
製傘	共三十六家
金箱店	共七家
金銀工作店	共四十一家
珠玉販賣	共八家
化粧物品（絨花附）	共三十九家

肥皂洋燭工作廠	共十一家
梳篦工作	共八家
眼鏡製造	共十七家
鐘錶販賣	共十九家
雜糧行	共一百〇五家
米店	共四十一家
麵粉廠	共二十二家
苧麻行	共三十六家
麻袋店	共十五家
繩索店	共四十二家
蒲包店	共十三家
打包工作	共七家
油及豆麻粕業	共九十一家
醬園	共五十四家
海菜販賣	共一百十一家
酒製造業	共二百三十二家
蛋粉製造	共六家
河南雞蛋販賣	共十二家
茶食店	共四十一家
水果販賣	共六十六家
鹽販賣	共十一家
香製造	共十四家
燭製造	共八家
鞭爆製造	共三十五家
水煙製造	共五十八家
煙捲分銷	共六十一家
茶棧茶行販運	共六十八家
茶葉店	共四十二家

酒販賣	共一百二十四家
酒飯館	共二百〇六家
番菜館	共五家
藥材販賣	共二百五十八家
石膏分銷	共九家
號棧(專住辦貨賣貨客商)	共一百〇二家
賓館客寓	共九十二家

第二目 漢口洋商之勢力

(甲)各國工廠(此目本已詳於工業一章，茲再錄者以爲洋商勢力之比較焉)

工廠名	所在地	國籍	製造數量
義華澄油廠	法租界	意大利	每年木油二萬担 牛二
新泰磚茶廠	俄租界	俄	
順豐磚茶廠	俄租界	俄	
阜昌磚茶廠	英租界	俄	
怡和澄油廠	英租界	英吉利	桐五 每年木油四萬担 牛二
華昌澄油廠	英租界	英吉利	桐五 每年木油二萬担 牛二

续表

工廠名	所在地	國籍	製造數量
平和棉包工廠	英租界	英吉利	一晝夜棉花鐵捲能力一千俵
隆茂棉包工廠	英租界	英吉利	一晝夜棉花鐵捲能力一千二百俵
和利製冰廠	法租界	英吉利	每日製冰二萬磅
英最煙捲公司	特別區	英美合辦	每日製煙六百萬支需煙六萬磅
和記宰廠	特別區	英吉利	每年宰牛豚等值銀二百萬兩
泰和煉銻廠	橋口	英吉利	每年煉銻四噸
其來油廠	法租界	美利堅	每年製桐油二十萬担
德泰净皮廠	英租界	美利堅	不詳
福泰净皮廠	英租界	法蘭西	不詳
永興净皮廠	大智門	法蘭西	不詳
公興蛋廠	法租界	法蘭西	一日用蛋一百担
同澄油廠	大智門	法蘭西	桐 五 每年木油二萬担 牛 一
康成酒廠	橋口	中法合辦	每日製酒八十担
瑞興蛋廠	下關	比利時	每日用蛋一百担

續表

工廠名	所在地	國籍	製造數量
萬興淨皮廠	法租界外	比利時	不詳
三井油廠	特別區	日本	不詳
日華澄油廠	日租界	日本	不詳
日華豆餅廠	日租界	日本	不詳
日華榨油廠	日租界	日本	不詳
日信榨油廠	漢陽大碼頭	日本	不詳
日信包棉廠	漢陽大碼頭	日本	不詳
黃泰繭廠	南岸嘴	日本	不詳
小林肥皂廠	洪益巷	日本	不詳
金昌肥皂廠	土墻	日本	不詳
武內玻璃廠	三新街	日本	不詳
三合玻璃廠	橋口	日本	不詳
東亞煉銅廠	橋口	日本	不詳
合記澄油廠	大新街	日本	不詳
泰孚腿帶子廠	三元里	日本	不詳

续表

工廠名	所在地	國籍	製造數量
大倉净皮廠	歆生路外	日本	不詳
瑞記澄油廠	特別區	德意志	已停
禮和澄油廠	大智門	德意志	已停
禮和蛋廠	大智門	德意志	已停
禮和洗鑛砂廠	武昌下新河	德意志	已停
美最時蛋廠	特別區	德意志	已停
美最時油廠	特別區	德意志	已停
美最時電燈廠	特別區	德意志	已停
禪臣澄油廠	特別區	德意志	已停
嘉利蛋廠	大智門	德意志	已停
碎格爾蛋廠	橋口	德意志	已停
機昌機器鐵廠	法租界	德意志	已停
德源甎瓦窑廠	橋口	德意志	已停

(乙) **各國商號**

| 安利英 | 英商 | 牛羊皮桐油輸出 |
| 協和 | 英商 | 紅茶輸出 |

亞細亞	英商	煤油燭類輸入
通和	英商	工事包辦
卜內門	英商	肥皂及亞爾加里
寶泰	英商	雜糧輸出電汽輸入
太古	英商	保險航業一般輸出入
天裕	英商	紅茶輸出
麥加利銀行	英商	銀行業務
祥泰木行	英商	木材輸入
天祥	英商	保險船舶茶業其他輸出
大來	英商	船舶木材輸入
寶順	英商	雜糧其他輸出
連利	英商	棉織物輸入及保險
華昌	英商	船舶代辦保險及一般輸出入
英國電器公司	英商	電汽機械及附屬
顧發利	英商	鐵管金物傢具輸入
福利公司	英商	洋貨雜品輸入
贊育藥房	英商	藥種醫療品飲料
和利冰廠	英商	製冰販賣
柯化威	英商	紅茶輸出
匯豐銀行	英商	銀行業務
和記	英商	凍製肉及卵輸出
怡和	英商	糖棉布輸入土貨輸出兼船舶代辦
利華公司	英商	石膏其他雜貨
金邇	英商	拍賣及介紹業
信孚	英商	雜貨輸入及船舶辦
履泰	英商	紅茶輸出
泰和	英商	錦雜貨輸出
新大信	英商	洋貨輸入

老沙遜	英商	一般輸出入
杜德	英商	紅茶輸出
保安	英商	保險
新公興	英商	雜貨輸入
太平	英商	代辦船舶一般輸出入及保險
東方匯理銀行	法商	銀行業務
信利	法商	時計及裝身具輸入
公興	法商	土貨輸出製卵及保險
福利	法商	牛羊皮其他輸出
良濟	法商	土貨輸出
永興	法商	牛羊皮其他土貨輸出
梁記藥房	法商	藥材及醫療機械
立興	法商	土貨輸出
德泰	美商	牛羊皮輸出棉織物輸入
伯記義泰	美商	不動產賃貸
美時	美商	紅茶輸出
勝家公司	美商	機械輸入
美孚	美商	煤油輸入
老裕	美商	桐木牛油輸出
金龍	丹商	飲食料品
寶隆	丹商	雜糧其他輸出
文德	丹商	機器類輸入
金鳳	丹商	土貨輸出
義品銀行	意商	銀行業務
義華	意商	牛羊皮其他土貨輸出
興隆	印度商	絹織物刺繡品
順豐	俄商	茶甎輸出
阜昌	俄商	茶甎輸出

百昌	俄商	紅茶輸出
源泰	俄商	茶類輸出
道勝銀行	俄商	銀行業務
新泰	俄商	紅茶及甎茶
八爹鼇	葡商	食料品輸入
英瑞牛乳公司	英瑞合資	牛乳類
瑞興	比商	製卵輸出
晉和	菲律賓	製造煙草輸入
萬興	比商	牛羊皮輸入
瑞林	土耳其	土貨輸出
正金銀行	日商	銀行業務
富士	日商	洋紙輸入
三井	日商	一般輸出入保險並代理船舶
台灣銀行	日商	銀行業務
三菱	日商	煤電類銅玻璃輸入雜糧鑛油輸出
大倉	日商	一般輸出入及保險
日清	日商	海運船舶
棉花株式會社	日商	棉業及保險
古河	日商	銅及鑛並附屬事業
湯淺	日商	棉紗布砂糖雜貨雜糧金物及鑛
東亞煙草出張所	日商	煙草輸入
伊藤忠支店	日商	棉紗海產輸入棉花雜糧油麻輸出
仁丹公司	日商	仁丹輸入
半田棉行	日商	紗棉雜貨
鈴木	日商	糖棉紗布輸入銻及糧輸出
增田	日商	糖輸入棉花輸出
阪崎麻號	日商	麻類輸出
合信	日商	金物織物輸入

新利	日商	電汽雜貨及委託代理
大同礦業支店	日商	金類鑛類
高昌	日商	出地建築物賃貸
吉田	日商	棉花雜糧肥料輸出
齋藤	日商	生漆輸出
嘉泰	日商	船舶及買賣仲介
武林	日商	棉花油類麻類土貨輸出
玉圓	日商	木材鑛石雜貨機械類
備前帶子公司	日商	腿帶子
丸三	日商	菜種
大正電汽株式會社	日商	電力供給
鴨川	日商	玻璃器及雜貨輸入
東華	日商	金物肥料猪鬃火柴獵具
一二	日商	肥皂毛氈縫針其他雜貨輸入
崇文閣印刷	日商	活版石版印刷
東孚	日商	化學儀器印刷材料文具輸入
永清館	日商	照像
小瀨木	日商	腿帶子藥雜貨輸入
齋藤麻行	日商	麻及棉輸出
阪本	日商	銅帆布火柴雜貨牛皮麻雜糧肥料藥材印刷
泰信	日商	一般輸出入
吉岡	日商	一般輸出入
黃泰	日商	牛皮菜種棉花棉實油類花生繭
瀛華	日商	棉花肥料農物種子工業原料
復和裕	日商	砂糖其他一般輸出入
小林	日商	牙粉人力車及橡皮輪其他輸入牛脂輸出

大茂	日商	銻棉油糧輸出
內藤商會	日商	牛皮輸出
高田商會	日商	機械金物輸入毛革輸出
安部	日商	一般輸出入
水田漆行	日商	生漆輸出雜貨輸入
伊藤	日商	一般輸出入
松本	日商	雜貨食料及電具
金昌	日商	肥皂牛油製造販賣
武內	日商	玻璃器製造
原商店	日商	清涼飲料留聲器
大石	日商	雜貨販賣
上井	日商	綢緞及雜貨
若林	日商	雜貨
本多	日商	鐘錶金銀細工作
田中	日商	洋貨雜品
思明堂	日商	藥種書籍雜貨
重松藥房	日商	藥種及猪皮油製造
三順	日商	一般輸出
郵船株式會社	日商	航運
餘豐泰	日商	雜貨
住友銀行	日商	銀行業務
住友洋行	日商	銅其他金屬製品肥料煤輸入
東亞通商會社	日商	金屬鑛物煤骨飲料一般輸出入
日華製油支店	日商	油類豆粕輸出
鄭星恒	日商	海產物輸入
山高	日商	票據經紀
高倫	日商	票據經紀

按：漢口一鎮居揚子江中心，上通蜀滇，下達皖蘇，北挽齊梁、燕晉之蓄，南輸三湘、兩粵之利。華商幫號雖時有變更，不下五六千家之衆，可謂盛矣。而洋商亦表見於前書，其勢力之消長，閱者自有定評焉。德商已停，俄商亦見衰落，向執漢口商界之牛耳者厥爲英吉利，歐戰以來，日本乘機猛進，大有拔趙幟易漢幟之勢，誠十九世紀以後世界商務之大變遷，不僅漢口一埠已也（編者識）。

第六節　湖北商會一覽

武昌總商會	徐榮廷	張椿年副
武昌金口市商會	王培元	朱文菴
漢口總商會	王明文病故	萬德潤代
鄂城商會	王金堂	鄭振榮
嘉魚商會	何文彩	周叔矩
崇陽商會	劉錦輝	劉炳山
崇陽大沙坪商會	楊時英	汪　炎
咸武界賀勝鎮商會	孟培芝	徐大蓉
咸蒲界汀泗鎮商會	余聯馨	章文藻
大冶商會	盧宗鼎	
大冶黃石港商會	汪得深	顧泳蓁
大冶保安鎮商會	夏瑚鼎	洪鐘
陽新商會	李捷榮	朱錫爵
陽新三溪鎮商會	蔡庚甲	明祖善
蒲圻羊櫻峒商會	雷豫仕	饒紹雄
蒲圻新店商會	楊炳宸	黎炳炎
通城商會	邱　嶠	劉心田
漢陽商會	林兆元	周文軒

漢川商會	紀　淦	晏祖楷
漢川繫馬口商會	陳猷才	王毓芬
漢川田二河商會	陳　樞	熊夢吉
沔陽商會	劉行檢	周哲道
沔陽仙桃鎮商會	魏世明	陳春蓀
沔陽新堤商會	陳蔚文	艾秉禮
黃陂商會	段作楫	曹駿昌
孝感商會	屠仁熟	劉之綏
黃岡商會	殷兆翔	石承恭
黃安商會	吳海瀾	劉聯琮
黃安七里坪商會	吳佔鰲	張英廷
麻城商會	陶　炯	熊其勛
麻城宋埠商會	劉會川	程度人
羅田商會	余鳳年	陳寶焌
蘄春商會	卞心求	李文瀚
蘄水商會	談自清	陳良謨
蘄水巴河商會	汪壽朋	奚恩澍
廣濟商會	吳炳日	夏潤秋
廣濟武穴商會	王念曾	鮑鴻漸
黃梅商會	梅祖陶	徐慶霖
黃梅孔壠商會	王　鑽	邢伯謙
應城商會	朱　弼	閔　焜
應城長江埠商會	樊明澤	楊在宸
應山商會	韓汶慶	鄭光鈺
應山廣水商會	易祥馨	易正楷
襄陽樊城商會	李鶴慶	胡德忠
棗陽商會	熊永慶	張清濂
宜城商會	彭祥麟	萬垂誥

光化商會	程道南	徐文澤
房縣商會	陸耀林	許慶榮
保康商會	韓炳堃	黃家瑞
南漳商會	雷詠章	郭佳誠
南漳武鎮商會	黃名牲	張天惠
穀城商會	王樹德	彭玉山
鄖縣商會	（不詳）	
鄖西商會	王秋鈞	王心一
均縣商會	丁源泰	魏永貞
竹山商會	韓孝堃	黃隆安
竹谿商會	李世福	袁鵬南
鍾祥商會	李德榮	塗榮聚
鍾祥臼口商會	劉癸北	文　丹
京山商會	查大藻	余用霖
天門岳口商會	歐陽遵誥	李矩械
潛江商會	張詩敏	朱成炳
荊門商會	蔡　衡	徐紀鏞
荊門沙陽商會	李文巖	鎮乃宏
當陽商會	鄭　鵠	趙運鴻
當陽河溶商會	周　垣	陳德宣
遠安商會	徐希賢	楊小菴
江陵沙市商會	彭春膏	廖如川
監利商會	蔡鴻燾	劉昆壁
監利朱河商會	江國楹	鄭朝東
宜昌商會	曹啓榮	韓大升
宜都商會	劉起沛	李堅明
松滋商會	趙廷珍	童樹棠
枝江江口商會	魯　瞻	廖宗智

枝江董市商會	王維清	袁正忠
五峯漁關商會	龍衣田	余葆卿
興山商會	沈學仁	萬立言
建始商會	劉焯堂	何永清
咸豐商會	馮永濤	劉宏炳
利川商會	鄒華章	黃瑞亭
來鳳商會	劉 焜	覃維新

第六章 礦　　政

第一節　官辦之礦

第一目　官礦署與象鼻山

湖北官礦署創始於民國四年九月，由財政、農商兩部呈請大總統特派大員爲督辦，第一任督辦爲高松如，由湖北官錢局挹注巨欵爲基金，即指定將來礦利爲官錢局紙幣之準備金。民國五年十月組織告成，設署於武昌平湖門外，當即着手探采大冶象鼻山之鐵以及湖南安化之銻，江西萍鄉之煤，大冶龍角山及陽新封山洞、歐陽山、劉許山之銅，計劃本甚闊大，正擬進行，適高松如督辦病故。

兼省長王因薦任金鼎爲總辦，並委前河南實業廳廳長曹寶江、湖北實業廳廳長魏宗蓮爲會辦，從新整頓。查核前高督辦任內各案用欵一百餘萬，俱鮮實效，現金總辦，魏、曹兩會辦詳加考慮，一面樽節署內浮濫之費，一面停辦各礦無利之工，注重大冶象鼻山一礦，極力經營，順序進步，務廣則荒，專一則精，誠得計學之奧者也。象鼻山之鐵既已探明苗質佳旺，即行盡力采之，又復築鐵道以運之，現在鐵道告成，是采礦一步，運礦一步已得圓滿之進行。若僅售砂自不如售鐵獲利之厚，此時所缺乏者不能化煉售鐵也，此時所希望者必期化煉售鐵也。究用何種方法集資設廠，築鑪化煉，正此時緊要解決之問題。海內豪商富賈朕不乏人，必能贊助此第三步之偉大事業也。據現在所產鐵砂數量計之，每年約六十萬噸，每噸以四元左右計之，約值銀二百四十萬，果充工之量，盡礦之力，現在采礦範圍並大冶東方堡之尖山，申明堡之峯烈、大岩兩山在內，將來百萬噸之產額亦意計中事。再能煉砂爲鐵，再能化鐵爲鋼，或相倍蓰，或相什百。地不愛寶，取之不盡，將來礦權桑榆之收，其惟象鼻之山乎。

第二目　炭山灣官煤礦

陽新縣屬之炭山灣，前清余紳創辦，嗣因資本不充，遂與法商蒲旭合辦窿屋、機械，法商蒲旭加入資本三十餘萬。民國元年五月前大總統黎公在鄂督任內收回官辦，給贖價銀八十萬兩，分十年還清，七厘起息，由湖北財政廳按年撥還，咨外交、財政、農商三部立案。第一任經理爲實業司技正姚業，經接收領法洋一萬元爲基本金，至二年即虧折殆盡。二年八月改委高傳相接辦，並將大冶陳家灣煤礦附屬之，高傳相辦理四年漸見盈餘。至六年十月高傳相呈請辭職，又委省公署實業科技士鄭廷璽接辦，改高傳相爲副廠長兼工程主任。鄭廷璽接辦後，七年分繳純益金爲一萬串，八年分亦略有增加，每月產煤量數約二百噸，除燒本廠鍋鑪之需，純餘約一百五十噸。近因礦洞塌陷又進行上增一障礙，煤質完全係供烹飪、燃燒料，即俗所謂"柴煤"也。

第二節　民辦之礦

第一目　湖北各屬探礦一覽

探礦商名稱	礦區所在地	礦質類別	礦區面積	註冊日期	備考
建華公司涂道金	建始六大拐山	鉛	15畝	五年四月廿六日	
民信公司湯茹芬	鶴峯望水台	銻	278畝半	五年十一月二日	

續表

探礦商名稱	礦區所在地	礦質類別	礦區面積	註冊日期	備考
礦商韋伯敏	蒲圻饒山徐家灣	煤	292畝6分	六年二月二日	
鈺興公司李荊鑄	大冶申明堡陸家灣	煤	363畝9分	六年四月二日	
協和郭續波	秭歸滴水岩	煤	21畝4分	六年五月三日	
利濟公司王翥	興山大峽口林家山	煤	5方里54畝	六年六月十六日	
礦商田裕敬	廣濟塔洞山	煤	279畝	六年十月一日	
德昌公司彭石琴	陽新大腦山	煤	364畝4分	六年十月一日	
平開公司陳石皓	蒲圻水栗凸	煤	276畝9分8釐	六年十月六日	
礦商何佩瑛	建始馬鹿山	銅	153畝9分	六年十一月十六日	
礦商尹援一	咸豐大茅坡茶園溝	銅	2 475 4分	六年十二月七日	
前人	咸豐張家坪天寶倉	銅	1 766 2分	六年十二月八日	
礦商向長順	秭歸龍嘴灣	煤	30畝	六年十二月十四日	
礦商向立齋	秭歸柳樹灣	煤	245畝	六年十二月十四日	
礦商江選三	蒲圻鐃拔頸	煤	183畝	六年十二月十四日	
五富公司宋煒臣	房縣宋洛河、歸俊山坪堡	銅	80畝	七年一月廿四日	
大信公司何震楚	廣濟迎山中坳	煤	154畝2分1釐	七年三月十三日	
大福公司楊子豐	黃岡盧家嘴松山	雲母	53畝7分	七年四月一日	

續表

探礦商名稱	礦區所在地	礦質類別	礦區面積	註冊日期	備考
興盛公司趙振甫	陽新漳源口大壢金、竹窩	煤	273畝8分	七年四月十六日	
礦商李昌祚	巴東萬户沱	銅	2 492 57釐	七年五月一日	
廣利公司馮開濬	大冶段家山	煤	367畝9分	七年五月二十一日	
亞裕公司黃壽卿	嘉魚烏龜雌	煤	37畝	七年五月二十七日	
開源公司丁立中	蒲圻海塘山	煤	844畝	七年六月一日	
興益公司胡玉峯	陽興柯家山	煤	214畝3分	七年六月六日	
福記公司王煒	蒲圻黃鷹岩	煤	294畝6分7釐	七年六月六日	
同益公司夏道南	蒲圻虎山犬山	煤	1方里49畝4分	七年七月二十三日	
信成公司劉廷選	大冶陰山溝	煤	288畝6分	七年八月一日	
礦商余鴻賓	秭歸龍嘴灣	煤	45畝4分	七年八月十一日	
石保公司萬季海	大冶貓兒肚	煤	270畝7分2釐	七年八月二十日	八年三月增加礦區註册
礦商馮光祖	大冶馬叫堡西山	煤	351畝	七年九月一日	
興國公司張殿清	嘉魚琵駕山	煤	335畝3分	七年十月二十一日	
礦商梁衛華	大冶寶岩山下	煤	109畝8分	七年十二月一日	

續表

探礦商名稱	礦區所在地	礦質類別	礦區面積	註冊日期	備考
礦商沈化夔	廣濟第十區	煤	1066 畝	八年一月十一日	
寶源公司劉人祥	陽新下山龜	銅	93 畝	八年一月十七日	
和豐公司劉叶吉	鄂城妙勝寺山	煤	487 畝	八年二月十四日	
石保公司萬季海	大冶袁家倉	煤	2 方里 209 畝 094	八年三月一日	
三興公司王松舟	陽新石艮山	煤	275 畝 104	八年三月七日	
叢林義記公司蕭延長	大冶桂竹岩	煤	286 畝	八年三月十七日	
開源公司徐煦光	大冶柳家山	煤	335 畝	八年三月十七日	
裕利公司熊樹勳	陽新禹門山	煤	383 畝	八年四月十六日	
礦商普吉安	鄂城金牛大担山	煤	499 畝	八年五月十一日	
礦商張樹棠	嘉魚烏龜雌	煤	8 方里 398 畝 47	八年六月十六日	
礦商張士冕	嘉魚任家橋	煤	6 方里 221 畝 1 分	八年六月十六日	
礦商李德揚	嘉魚硃砂橋洞	煤	8 方里 159 畝 6 分	八年六月十六日	
同益公司夏道南	嘉魚狗尾山虎山	煤	2 方里 211 畝 7 分	八年八月七日	

續表

探礦商名稱	礦區所在地	礦質類別	礦區面積	註冊日期	備考
裕興公司張業勤	鄂城二里磨山	煤	273畝	八年十月六日	
協興公司張文石	陽新白岩山之粟嶺	煤	295畝5分	八年十月二十一日	
礦商王秉鈞	鄖西龍家凸	綠松石	26畝	八年十一月一日	
大成公司葉大年	大冶十五把刀山等處	煤	285畝9分	八年十一月十一日	
礦商柯化龍	大冶童子腦	煤	301畝4分	八年十二月一日	
同益公司夏道南	嘉魚貓兒巷龜山	煤	1方里 514畝49	八年十二月十二日	

第二目　湖北各屬采礦一覽

采礦商名稱	礦區所在地	礦質類別	礦區面積	註冊日期	備考
寶源公司劉人祥	陽新洪李田山	銅	498畝	五年四月二十六日	
富源公司周孚	大冶石灰堡	煤	328畝8分8釐	五年十二月十八日	
富潤公司余鏡清	陽新獅子山	煤	469畝5分3釐	五年十二月十八日	
華興大成兩公司李承宗	竹山豐石洞	銅	256畝3分	五年十二月十八日	
礦商姜渭濱	大冶北峯尖	煤	237畝2分	六年二月二十三日	

續表

采礦商名稱	礦區所在地	礦質類別	礦區面積	註冊日期	備考
礦商潘焱奎	圻春睡虎山	煤	75畝8分	六年三月二十一日	
礦商向永盛	荊門關廟坪	煤	70畝8分5釐	六年五月五日	
礦商李燮煮	大冶李家冲	煤	95畝3分	六年七月二十四日	
廣豐公司勞用宏	蒲圻崇林山孤竹橋	煤	4782畝	六年九月十一日	
華利公司解震時	大冶茅窩	煤	50畝1分	六年九月七日	
礦商劉人祥	陽新沙池口	煤	273畝	六年十二月十日	
昌大公司梁金棟	大冶煤炭山	煤	273畝3分	七年一月二十三日	
富華公司涂瀛洲	大冶大路溝	煤	212畝9分	七年二月十九日	七年十一月增加礦區註冊
官礦公署	大冶象鼻山龜山老鼠尾	鐵	237畝	七年四月十九日	
官礦公署	大冶東方堡尖山	鐵	68畝	七年四月十九日	
惠通公司汪國斌	大冶倪家山	煤	135畝	七年四月二十四日	
五盈公司宋煒臣	竹山陳家山房後	銅	72畝2分6釐	七年五月六日	
大富公司程光銓	圻春迎山等處	煤	304畝7分1釐	七年六月一日	
寶源公司劉人祥	大冶宋胡李山	鉛	476畝7分	七年九月二十六日	

續表

采礦商名稱	礦區所在地	礦質類別	礦區面積	註冊日期	備考
華富公司涂瀛洲	大冶寶岩黃思灣	煤	1205畝4分8釐	七年十一月二十一日	
富源公司周孚	大冶桐梓包太平灣	煤	859畝3分9釐	七年十一月二十六日	
寶源公司劉人祥	陽新熊饒山	銅	280畝	八年一月十七日	
開源公司丁立中	蒲圻大頭山磨盤山	煤	4995畝	八年一月二十一日	
歸興公司鄧日初	秭歸萬古寺	煤	1032畝	八年二月八日	
歸興公司鄧日初	興山五甲游家河	煤	931畝	八年二月八日	
寶源公司劉人祥	陽新銅礦寺	銅	200畝6分	八年二月二十日	
元興公司方桂芳	陽新半等坑	錳	1方里 421畝9分	八年三月七日	
元興公司方桂芳	陽新松山嶺	錳	113畝7分	八年三月七日	
官礦公署	大冶峯烈山	鐵	249畝9分2釐	八年六月二十一日	
官礦公署	大冶大岩山	鐵	115畝4分5釐	八年六月二十一日	
信義公司王耀山	宜都鄭家磁	煤	800畝	八年七月二日	
太極公司趙兩儀	宜都轎子嶺	煤	2方里 170畝26	八年九月五日	
寶豐公司湯永鎔	蒲圻萬家山	銻	77畝	八年十月一日	

续表

采矿商名称	矿区所在地	矿质类别	矿区面积	注册日期	备考
宝源公司刘人祥	阳新封洞山	铅	296亩	八年十一月六日	
华利公司解震时	大冶茅窝骑驼山	煤	50亩1分	八年十一月十一日	
信成公司王耀山	松滋煤炭沟	煤	900亩	八年十二月一日	
矿商王光荣	宜都柏树湾	煤	1方里75亩	八年十二月十二日	
振兴公司郝季贞	蒲圻四方块	煤	300亩	九年六月	呈请注册领照照尚未发